KB082972

소중한 마음을 가득 담아서

_____ 님께 드립니다.

여보, 잘할게

지은이 김용원

중학생 시절부터 커서 시인이 된다면 세상에 부러울 것이 더 없을 것이라고 생각하며 성장했다. 논문은 물론이고 시, 수필, 소설, 평론, 칼럼, 시나리오 등 장르를 불문하고 글쓰기 모든 영역의 창작활동을 지향하고 있다. 매년 책을 한 권씩 낼 만큼 왕성한 창작활동을 이어오고 있으며 『어머니의 전쟁』을 쓰고 난 이후부터 '좋은 작품은 운명처럼 찾아온다.'라는 신조를 갖게 된다. 검은색을 좋아하고, 창이 넓고 천장 높은 장소에서 글쓰는 것을 좋아한다. 평소 걷는 것을 좋아하며, 특히 강과 바닷가를 배회하며 일상을 반성하고 새로운 결단을 하는 습관이 있다. 시대의 고민을 허심탄회하게 얘기하고, 이 땅에 사는 힘든 사람들에게 꿈과 용기, 희망을 불어넣어 주는 작가가 되기를 꿈꾼다.

　　숭실대 대학원에서 가족법을 전공하여 박사학위를 받았으며, 문학에 대한 그의 열망은 시인, 작가로서의 길을 걷게 했다. 저서로는 시집 『시가전』, 『당신의 말이 들리기 시작했다』와 소설 『어머니의 전쟁』, 에세이집 『언젠가는 엄마에게』, 『닮다 그리고 닳다』, 『곁에 두고 읽는 손자병법』이 있다. 부경대, 숭실대 법과대학 강사를 역임했다.

남편의 반성문

스틱본드 시리즈 S021 | 표지(한국양지 아르떼 백색 210g/㎡) | 본문(한솔제지 미색 백상지) | ㅈ

철없는 남자들의 반성교과서

남편의 반성문

초판 1쇄 인쇄 2016년 11월 7일
초판 1쇄 발행 2016년 11월 14일

지은이 김용원

발행인 임영묵 | **발행처** 스틱(STICKPUB) | **출판등록** 2014년 2월 17일 제2014 - 000196호
주소 (우)10353, 경기도 고양시 일산서구 일중로 17, 201 - 3호 (일산동, 포오스프라자)
전화 070 - 4200 - 5668 | **팩스** 031 - 8038 - 4587 | **이메일** stickbond@naver.com
ISBN 979 - 11 - 87197 - 10 - 2   03330

[원고투고] stickbond@naver.com
출간 아이디어 및 집필원고를 보내주시면 정성스럽게 검토 후 연락드립니다. 저자소개, 연락처, 제목, 기획 의도, 핵심내용 및 특징, 목차, 원고샘플(또는 전체원고) 등을 이메일로 보내주세요. 문은 언제나 열려 있습니다. 주저하지 말고 힘차게 들어오세요. 출간의 길도 활짝 열립니다.

김용원 지음

남편의 반성문

철없는 남자들의 반성교과서

STICK

철없는 남자들의 반성교과서

사람들은 참으로 어리석다.
결혼하기까지 사람들은 모든 힘과 정성을 다 기울여서 결혼한다. 하지만 정작 그렇게 이룬 결혼을 지키는 일에는 너무나 소홀하다. 결혼하기만 하면 마치 행복은 덤으로 찾아오리라는 환상에 빠지는 모양이다. 이만큼 어리석은 일이 어디 있을까. 확실히 오늘날의 결혼은 전 시대에 비해 많은 변화를 겪고 있다. 남자의 시대는 가고 이제 여자의 시대를 예고하고 있다. 남자들의 주도로 이루어간 지난 시대의 가부장질서는 오늘날 가장 많은 비판을 받고 있다. 가부장은 설 자리가 없다. 가부장의 냄새를 풍기면 여자들은 이맛살을 찌푸리며 지금이 어느 시대인데 잠꼬대 같은 소리를 하느냐며 당장 따지고 든다. 가부장 마인드를 버리지 못하면 이혼당할 가능성이 많다. 이것의 입증은 이 책 중간마다 소개된 수많은 이혼사건의 판례들이 생생하게 증언해주고 있다.

결혼은 동업이 아니며 혼인한 두 남녀가 함께 지켜나가야 할 사명이다. 오늘날 결혼생활이 변질하는 것의 중요한 책임은 남자들에게 있다. 남자들의 잘못된 결혼생활을 참고 기다리며 인내하는 여자들이 줄어들고 있다. 남자들이 반성하지 않으면 이혼당하기에 십상이다. 남자들이여, 지금이 어느 때인가? 그대들의 일상을 들여다보고 잘못된 결혼생활 습관이 있다면 당장 버려라. 그리하여 당신이 그토록 원해서 만든 가정을 성(城)처럼 견고한 것으로 만들고 당신의 가정을 천국으로 만들라. 앞으로 세월이 흐른다면 이 이야기는 여자들을 향해 던지는 시대가 올 것이다. 밤과 낮이 교차하듯이, 여름과 겨울이 순환하듯이 남녀의 세력도 시대에 따라 가변적이기 때문이다.

이 책은 이혼판례 수백 개를 분석하여 주로 남편들의 잘못으로 반성하는 이혼의 유형을 40여 개로 분류하고 거기에 해당하는 판례와 가족법이론, 문학작품인 시를 곁들여 설명하는 구조로 되어 있다. 결혼생활을 꿈꾸는 남녀, 혼인 중의 부부들, 그리고 재혼을 꿈꾸는 이들 모두가 읽어야 할 결혼을 지켜나가는 비법을 설명하였다. 특히 철없는 남자들에게 일독을 권한다.

_파주 장릉(長陵)에서 김 용 원

목차

결혼은 사명이다

오늘부터 지지고 볶는 우리들의 부부생활에 관해 이야기해보자. 아니, 이상형으로 만나 서로에게 혐오스러운 존재들이 되어버린 작금 우리들의 결혼생활에 관해 이야기해보자.

가족법을 전공한 사람이라서가 아니라 올해로 결혼생활 30년을 맞이하는 경험자로서 나도 이제 이 분야에 대해 입을 뗄 수 있는 자격은 있다고 생각한다. 무엇이 문제인가, 무엇이 틀어져 우리는 이렇게도 먼먼 사람들처럼 살고 있으며 연애할 때의 깨소금을 볶아대는 그 구순 냄새들은 다 어디로 증발해 버린 것일까.

OECD 34개국 중 9위, 아시아에서 1위를 할 정도로 이혼율이 높으며, 섹스리스가 많고 황혼이혼이 늘어나는 우리나라의 가정에는 문제가 있어도 아주 많다. 적어도 한국사회에 있어 결혼은 연애의 무덤이라는 말이 맞다. 결혼하면 연애는 저 멀리 달아나고 남편이라는 사람은 일과 식구들 먹여 살리는 일에 치여 다니고, 아내라는 사람은 직장일과 부업, 가사, 출산, 육아로 질식할 지경이다.

결혼연령이 늦어지고 결혼파업이 늘어난다. 연애시절의 사랑이 찾아늘 구석이 없다. 어디서부터 손을 보아야 좋을지 훌륭한 집도의라고 하더라도 난감할 수밖에 없다.

나는 결혼은 사명이라는 말에 동감한다. 그렇다, 결혼은 사명이다. 사명을 다하는 부부생활을 하기 위해 결혼에 대해 알아보고, 사명을 잘 완수할 수 있도록 필요한 잔소리를 하고자 하는데 양해해 주기를 바란다. 이 이야기를 풀어나가는 데 있어 법원의 이혼판례를 사용한다. 또한, 문학작품 중에 시를 곁들여 양념을 치고자 한다. 알량하지만 그간 배우고 익힌 가족법 지식도 섞어볼 것이다. 이 모든 배려는 조금이나마 도움이 되었으면 하는 노파심에서다. 본론으로 들어가보자. 먼저 결혼생활을 성공적으로 이끌어가기 위해서는 결혼이 무엇인지에 대해 생각해보자.

결혼이란 두 남녀가 만나 서로 사랑하고 싸우는 동안 자식을 낳아 기르며 병들고 이별하는 일련의 과정을 겪으면서 한평생 함께 살아가는 것이다. 왕년의 잘나가는 어느 배우는 한 여자와 평생을 사는 것은 생각하기도 아찔하다고 자유분방한 자신의 영혼을 표현했지만,

결혼은 종생(終生)적이다. 행운인지 불행인지는 모르겠으나 목숨이 끝나는 순간까지 함께하겠다는 약속이다. 결혼이란 그런 것이다. 그러는 동안 부부 사이에는 여러 가지의 인생사가 겹겹이 지층처럼 아로새겨지게 된다. 더군다나 생의 유한성 탓에 부부생활은 얼마나 애틋한가.

다음의 시를 한 편 읽어 보자. 결혼생활에 대해 손에 잡힐 듯 묘사한 것이 일품이다. 그리고 결혼생활이 무언지 알 듯하지 않은가.

> 기다림이란 이렇게 아름다운 것일까
> 늦은 퇴근길 107번 버스를 기다리며
> 빈 손바닥 가득 기다림의 시를 쓴다
> 들쥐들이, 무릇 식솔 거느린 모든 포유류들이
> 품 안으로 제 자식들을 부르는 시간
> 돌아가 우리 아이들의 이름을 부르고 싶다
> 부르고 싶다. 어둠 저편의 길들이여
> 경화, 태백, 중초마을의 따스한 불빛들이며
> 어둠 저편의 길을 불러 깨워
> 먼 불빛 아래로 돌아가면, 아내는
> 더운밥 냄새로 우리 아이들의 이름을 부르리
> 아이들은 멀리 있는 내 이름을 부르고 있으리
> 살아 있음이여, 살아 있음의 가슴 뛰는 기쁨이여
> 그곳에 내가 살아 있어
> 빈 손바닥 가득 기다림의 시를 쓴다
> 푸른 별로 돋아나는 그리운 이름들을 쓴다
>
> (정일근, '기다림에 대하여', 전편)

결혼은 검은 머리가 흰 파 뿌리가 되도록 사는 동안 서로 사랑하고 병이 들기도 하고, 때로는 붉은 알몸으로 서로 뜨겁게 껴안기도 하는 파란만장한 격정의 세월이다. 그 세월 동안 별의 별일을 다 겪는다. 우리는 결혼에 대해 알 필요와 의무가 있다. 결혼생활을 하는 한에는 말이다. 결혼의 얼굴은 여러 개다. 아니 어쩌면 수십 개 수백 개가 될지도 모른다. 그만큼 결혼은 복잡한 것이다. 그것은 두 남녀의 사랑이라는 차원을 넘어서는 무엇이며 달리 말하자면 정치·경제·사회·문화적으로 형성된 중요한 사회제도의 하나이기도 하다. 사람들이 흔히 정치를 살아 있는 생물이라고 부르듯이 결혼 역시 시대와 공간에 따라 진화해 가는 생물이기도 하다. 사회여건이 변하고 사람들이 결혼이라는 것을 귀찮게 여기면 장래 결혼이라는 제도는 없어질 수도 있다. 그 시대에 맞는 결혼을 대체할 다른 제도가 탄생할 것이다. 그래서 결혼에 대해 유동적으로 생각할 필요가 있다.

가족법을 공부하는 사람으로서도 결혼이 무엇이냐에 대해 의문을 품고 이런저런 정의를 내리기도 한다. 왜 결혼이 무엇인지에 대해 고민해야 하는가? 그만큼 우리들의 삶에 있어 중요하기 때문이다. 흔히들 조금 안다는 사람들은 결혼을 계약이라고 생각한다. 그래서 결혼생활에 문제가 생겼을 때 모든 것을 계약이론에 따라 해결하려 든다. 하지만 그것만으로 문제는 간단히 해결되지 않는다. 결혼은 그 이상의 것이기 때문이다.

결혼이라는 것이 도대체 무엇인가는 국가에 따라 보는 시각이 다 다르다. 영국 법원에서는 결혼을 남편의 외부 경제활동과 처의 가사경영이 합쳐진 합작기업(Joint Enterprise)으로 보고 있다. 기업으로 본다는 것이다. 그래서 문제가 생기면 그런 관점에서 문제들을 풀어나가는 경향을 보인다.

대학원 가족법 수업 중에 결혼에 관해 이야기하면서, 결혼은 일종의 '동업'이라고 말했던 기억이 있다. 지금 생각해 보면 어디 쥐구멍이라도 있으면 찾아들고 싶다. 하지만 그때는 결혼에 대해 모르니 아무렇게나 지껄일 수밖에……. 제법 그럴싸한 답변으로 들릴지 모르나 결혼은 동업이 아니며 동업이 되어서도 안 된다. 결혼이 동업이라는 말은 결혼의 특성을 도외시한 편협한 재산법적인 생각이다.

　인터넷에서 흔히 회자하는 대로 만일 결혼이 동업과 같은 것이라고 한다면 동업자들은 끊임없이 지분을 조금이라도 더 챙기기 위해 현안이 될 것이고 사정이 안 좋으면 수도 없이 지분을 챙겨 각자의 길을 갈 것이다. 그렇지만 우리는 결혼생활을 그런 식으로 하지는 않는다. 오히려 그런 현실을 직면해서도 지극히 어리석은 삶을 말없이 이어간다. 결혼은 상당히 감정적이다. 부서지기도 쉽고 말도 안 되는 일들을 잘 감내하는 것을 보면 말이다. 그것은 우리의 일상이 입증한다. 아이까지 낳아 기르며 죽겠다며 지지고 볶으면서도 있는 것 없는 것 다 쏟아 붇는 무모한 동업은 이 세상에 없기 때문이다.

　가족법을 전공하는 사람들은 결혼을 재산법적인 계약이 아닌 신분계약으로 본다. 신분계약으로서 결혼은 재산법상의 계약과는 판이한 성격을 가진 계약이라는 사실을 안다면 결혼생활을 해나가는 데 있어서 큰 도움이 될 것이다.

결혼을 알면, 결혼이 보인다

결혼이 일반적인 계약과는 다른 특수한 성격을 띤 신분계약이라는 것은 앞서 전제했다. 결혼이라는 신분계약이 재산법상의 일반계약과는 많은 점에서 차이가 있다. 우선 일반계약의 경우 계약당사자들이 상호 대립하는 위치에 있다. 서로 손해를 보지 않기 위하여 자신의 권리를 주장하고 상대의 의무를 확인하고 주지시킨다. 그러나 결혼계약은 일심동체라는 말이 있듯이 상호대립이 아닌 상호일치에 기초한다. 서로 사랑하면서 자식을 낳아 기르며 백년해로해 보자는 그래서 세상은 살 만한 곳이었다고 말할 수 있도록 살자는 것이다.

일반계약은 존속기간이 있다. 근로계약, 임대차계약, 매매계약은 모두 정해진 기간이 있어 그 기간이 지나면 계약관계가 종료하게 된다. 그러나 결혼은 사망이나 이혼으로 해소되기까지는 계속된다. 흔히 주례자들이 하는 말처럼 검은 머리가 파 뿌리가 되도록 사는 종생적인 것이다. 그래서 과거 사회주의자들은 이러한 결혼의 영속성에 착안하여 결혼은 강한 남성이 약한 여자를 영구적으로 착취 지배하는 부르주아 사유재산관계에서 파생한 제도라고 했다.

결혼은 이해타산적인 것이 아니다. 일반계약을 통해 물건을 살 때는 기능이나, 외관 등에 있어 최신의 기능과 모델로 구매하여 편리성이나 경제성을 누리려고 한다. 그러나 결혼은 한쪽 배우자가 부족하더라도 더 나은 사람과 결혼할 수 있으며 부자가 가난하거나 장애를 가진 사람을 배우자로 맞아들일 수도 있으며 대학교수가 고졸 출신의 여자를 아내로 맞이할 수도 있다. 결혼은 외관보다는 다소 엉뚱하게 마음속 중심을 바라보는 면이 있으며 이타적이어서 조건 없이 상대방의 약하고 부족한 면을 채워 주기도 한다.

일반계약으로 물건을 살 때 물건에 하자가 있는 것을 발견했을 때 당장 가서 무르며 책임을 묻는다. 그래서 상대방에게 계약을 해제하거나 손해배상을 요구할 수도 있다. 하지만 결혼해서 만나 상대배우자에게 문제가 있다고 하여 일반계약처럼 자주 반품한다는 것은 생각해 볼 수가 없다. 물론 문제가 크면 사기결혼 등으로 결혼을 물릴수가 있지만 흔하게 받아들일 수 있는 것은 아니다. 만일 그런 식으로 상대방에게 책임을 묻는다면 이 세상에 어느 사람도 정상적인 결혼생활을 할 수가 없을 것이다.

결혼계약은 일반계약처럼 조건을 붙일 수도 없다. 말하자면 결혼은 조건 없는 계약인 셈이다. 만일 결혼에 조건을 붙여 계약하고 조건이 성취되지 않으면 물린다고 한다면 말이 될까? 결혼해서 살며 애당초의 결혼 조건을 이루며 살아가는 배우자들이 얼마나 있을까? 만일 결혼에 조건을 들먹인다면 상대배우자에게 거는 높은 기대심리와 인간의 죄성으로 말미암아 우리는 늘 반품될 수밖에 없는 존재들이다.

마지막으로 일반계약에서는 계약을 체결할 때 계약금을 걸고 계약을 체결하지만, 결혼계약은 사안의 중요성에도 계약금 같은 것을 걸지 않으며 서로 사인(Sign)도 하지 않으며 결혼계약의 이행을 신적으로 당사자들의 사랑에 바탕을 둔 인격에 의지한다. 물론 약혼이 있어 예물을 교환하는 때도 있지만, 약혼의 번거로움 때문에 많이 일반화되지는 않고 있다. 일반계약이 깨어지면 금전적인 측면의 손실인 경우가 많다. 그러나 결혼계약이 깨어지면 돈으로 메울 수 없으며 사람이 망가지며 심지어는 그 충격을 참지 못하는 일도 있다. 결혼의 실패는 사업의 실패와는 다른 차원의 것이다.

이러한 결혼계약의 특수성에 착안하여 사람들은 결혼을 일반계약 관계가 아닌 언약관계로 설명하기도 한다.

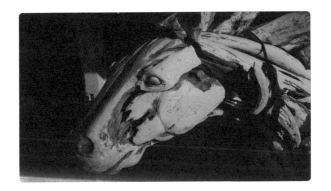

결혼, 신의 작품인가 인간의 작품인가

존 퍼거슨 맥리넌(John F. Mclennan)이 쓰고 김성숙 교수가 번역해서 우리나라에 소개된 『혼인의 기원(Primitive Marriage)』이라는 책을 보면 원시사회에서 현대에 이르기까지의 다양한 혼인의 모습들이 나와 있다. 주로 원시사회의 약탈혼을 연구한 책인데 이 책에서 맥리넌은 혼인의 형태는 그 사회가 이룩한 발전의 단계에 상응하는 모습으로 나타난다고 한다. 오늘날에도 세계 곳곳에 남아 있는 약탈혼과 매매혼의 흔적들은 실제 과거에 그런 행위가 행해졌기 때문이다.

이 책에 따르면 맥리넌은 혼인의 형식과 관련하여 모계혈통 중

심의 일처다부제에서 일부다처제, 일부일처제로 변천해왔음을 밝혔다. 앞으로 우리사회의 혼인형태가 어떤 모습으로 진화해 갈 것인지를 가늠해보는 것도 재미있다. 이런 논의들은 결국 결혼이라는 것은 인간사회의 필요성에 의해 이런저런 모습으로 변모해갈 것이라는 사실을 대변하고 있다. 결혼은 신이 만든 것이 아니라 인간들이 만들어온 작품인 셈이다.

인간이 자유의지와 선택을 통해 결혼제도를 발전시켜 왔다고 하지만 오늘날에 이르러서는 결혼제도 자체를 무의미하게 만들 정도로 파탄지경에 이르지 않았나 싶다. 다자간 연애(Polyamory)를 하는 사람들이 늘어나고 있고, 많은 사람이 결혼하지 않으려 하서나 결혼하고 난 후에도 대다수가 이혼을 선택하고 있다. 결혼을 인간이라는 피조물의 수중에 남겨 놓았으나 인간이 스스로 그것을 말아 먹고 있는 중이다. 결혼의 파탄은 아무래도 이 제도를 인간의 수중에 넘겨주어 운용하게 해서는 유지될 수가 없다는 것을 방증이라도 하는 것일까?

이런 현실을 지켜보며 다른 한편에서는 결혼은 인간이 만든 것이 아니라, **신이 만든** 제도라는 관점에서 결혼을 일반계약(Contract)관계가 아닌 언약(Covenant)관계라고 부르며 함부로 이혼해서는 안 되는 신성한 것으로 여기기도 한다.

미국의 여러 주에서도 이혼을 어렵게 하려고 이중 삼중의 장치들을 마련하는 추세다. 결혼을 신의 영역으로 보아 인간이 함부로 그것을 변개하거나 폐할 수 없도록 하려는 것이다. 결혼을 신성한 것으로 보고, 결혼은 일반적인 재산계약과는 다른 신분계약일 뿐만 아니라 나아가서는 하나님과 인간 사이에 맺어진 언약

(Covenant)이라고 한다.

　언약은 하나님과 인간 사이에 체결된 계약을 말하거나 백 보 양보해 그것이 아니라면 최소한 인간의 결혼에 하나님이 증인이 된 계약이라는 의미로 해석할 수 있을 것이다. 왜 그렇게 생각해야 하는가? 이유는 간단하다. 인자함이 영원하신 하나님이 죄 많은 인간에게 결혼을 통해 복을 주기 위함이라는 것이다. 성서에서 결혼과 관련하여 하나님이 맺어 주신 것을 사람들이 함부로 나누지 말라고 하신 바와 같이 언약관계는 하나님을 떠나 개인들이 마음대로 언약을 파기할 수 없도록 명하고 있다.

　기독교에서는 예로부터 신성한 일, 즉 성사(Sacrement)라고 하여 신의 은총을 신도에게 전하는 일곱 가지의 의식이 있었다. 오늘날까지도 가톨릭에서는 성세·견진·성체·고백·병자·신품·혼인의 일곱을 칠성사(七聖事)라고 하여 신성시하고 있다. 결혼은 칠성사 중 하나에 속한다. 다만 오늘날 개신교에서는 세례와 성찬의 두 가지만을 성사로 남기고 이 중 혼인은 제외해버렸지만 그래도 여전히 성도들의 혼인을 지극히 소중한 것으로 여긴다. 성사의 전통을 오늘날까지 가지고 있는 천주교에서는 신자들이 마음대로 이혼을 할 수 없다. 이혼하려고 하면 교회의 승인을 받아야 하며 임의로 이혼을 감행할 경우 출교를 각오해야 한다. 물론 기독교 교리상 이혼을 하기 위한 정당한 사유는 몇 가지로 한정되어 있으므로 당장 이혼을 하고 싶은 사람에게는 답답할 노릇이다.

　고전명화인 피에트로 제르미 감독의 영화 〈이탈리안식 이혼〉(Divorce, Italian Style)에는 자기 부인과 헤어지고 싶어하는 과도 한 성적 욕망을 가진 한 남편이 나온다. 하지만 그에게는 뚜렷한 이혼사유가 없으면 이혼을 할 수 없다는 이탈리아 관습이 문제였다. 이혼 구실을 찾기 위해 자기 아내에게 바람둥이를 붙여 부정한 아내로서 이혼하게 하려고 몸부림을 치는 남편의 상반된 행동이 나온다. 여기서 명예를 중시하는 이탈리아식 관습이라는 것은 종교적인 언약결혼과 같은 것을 말한다. 하나님이 결혼이라는 제도를 만들었다는 것은 성서 창세기에 나와 있다.

> — "남자가 부모를 떠나 그의 아내와 합하여 둘이 한 몸을 이룰 지로다."
>
> (창세기 2:24)

결혼은 하나님이 인간에게 복을 주기 위해서 창조하신 것이다. 그뿐만 아니라 이곳 외에도 성서를 보면 여러 곳에서 "하나님이 정해주신 짝을 사람이 나누지 못할지니라."라고 하는가 하면 "집과 재물은 조상에게서 상속하지만 슬기로운 아내는 하나님께서 정해 주신다."라는 구절이 있듯이 결혼의 배필 역시 하나님 정해 주신다는 것이다. 즉 혼인은 하나님의 주권하에 있다는 것이다.

이러한 유대교 전통은 로마 가톨릭과 개신교를 거쳐 19세기 후반기까지 이어져 내려오던 서구의 결혼관이기도 하다. 하나님은 천지 만물을 창조하시고 이것들을 다스릴 사람을 창조하셨으며 사람이 독처하는 것이 좋지 못하다고 하시면서 남자의 갈비뼈를 취하여 여자를 만들어 함께 살도록 하셨다.

사람들은 이러한 언약에 기초하여 다음의 세 가지 사유 이외에는 이혼을 할 수 없다. 만약 여기에 나와 있는 3가지 이외의 사유로 본인들이 임으로 갈라서는 것은 하나님의 말씀을 거역하는 것이 된다.

— 1. 배우자가 부정을 저지른 경우(마태복음 19:9)

　2. 배우자가 사망한 경우(고린도전서 7:39)

　3. 믿는 자가 불신자와 결혼하였는데 그 불신자가 갈라서기를 원할 경우

(고린도전서 7:15)

　결혼을 언약이라고 보는 처지에서 결혼생활을 유지해 나가기 위해 상대방 배우자를 친절하게 대할 뿐만 아니라 상대방을 용서하는 마음을 가져야 한다고 말한다.(에베소서 4:32)

겸손은 나보다 남을 낮게 여기는 마음이다. 살면서 문제가 있더라도 상대를 불쌍히 여겨 용서하지 않으면 결혼생활은 어쩌면 성밀과 복수심으로 가득 찬 것이 될 수도 있다. 용서는 타인을 위함이기도 하지만 자신을 위해 필요하다. 만일 용서하지 않고 악한 것을 내 마음속에 가득 품고 있다면 도리어 내 삶을 파괴할 것이기 때문이다. 상대를 미워함으로써 자신을 파괴하지 않도록 원수를 사랑하라고 말씀하신다.

　결혼생활은 경행(徑行) 같은 것이다. 경행이 무엇인가?, 한마디로 도를 닦는 것을 말한다. 고등학교 교과서에도 나오는 오창렬 시인의 『부부』라는 시를 보면 이를 잘 이해할 수 있다. 오창렬 시인은 얼마 전 간행된 필자의 잠언시집 『당신의 말이 들리기 시작했다』의 해설을 써 주기도 한 지인이어서 그런지 나는 이 시를 즐겨 읽는 편이다.

　　　늘 허투루 나지 않는 고향길

　　　장에나 갔다 오는지 보퉁이를 든 부부가

　　　이차선 도로를 양 끝을 팽팽하게 잡고 걷는다

　　　이차로 간격의 지나친 내외가

도시 사는 내 눈에는 한없이 촌스러웠다

속절없는 촌스러움 한참 웃다가

인도가 없는 탓인지 모르지

사거니 팔 거니 말싸움을 했는지도 몰라

나는 또 혼자 생각에 자동차를 세웠다

차가 드물어 한가한 시골 길을

늙어가는 부부는 여전히 한 쪽씩 맡아 걷는다

뒤돌아봄도 없는 걸음이 경행 같아서

말싸움 같은 것은 흔적도 없다

남편이 한쪽을 맡고 또 한쪽을 아내가 맡아

탓도 상처도 밟아 가는 양 날개

안팎으로 침묵과 위로가 나란하다

이런저런 궁리를 따라 길이 구불거리고

묵묵한 동행은 멀리 언덕을 넘는다

소실점에 가까이 한 점 된 부부

언덕도 힘들지 않다

(오창렬, '부부', 전편)

　　이 시를 읽고 있노라면 엄한 가부장이었던 남편이 유순한 모습으로 점차 변화되어 가는 모습이 그림처럼 그려진다. 그 옆에서 함께 걷고 있는 아내는 절대 서두르지 않으면서 이런 남편의 변화를 기다려 주는 느긋함이 느껴져서 좋다. 오늘날 여자들 세상이 되었다고들 하지만 아내들은 남편들이 혁명적으로 변화되기를 기대해서는 안 된다. 그렇다고 남편들이 시류의 변화에 둔감하라는 말이 아니다. 양성의 평등과 조화를 위해 부단히 변화하되 점진적으로 해야 한다는 것이다. 이 모든 골치 아픈 일들을 생각하자면 결혼은 과연 경행(經行)

임에 틀림이 없다.

　다시 이야기의 결론으로 돌아가 보자. 결혼은 누구의 작품인가. 신의 작품인가, 아니면 인간이 스스로 만든 작품인가. 훌륭한 신이 만든 작품을 형편없는 인간들이 망치고 있는 것인가. 그래서 지금부터라도 신의 뜻을 받들며 살아가야만 하는 것일까? 아니면 못난 인간들이 만든 별스럽지 못한 제도에 구속되어 인생을 탕진해야만 하는 것인가.

　만일 그렇다면 결혼이라는 제도는 앞으로 수많은 파괴와 변형을 일으킬 것이다. 이런저런 논란의 한가운데서도 분명히 기억해야 할 것이 있다. 누가 앞으로 결혼이라는 것을 어떻게 만들고 변형시켜 나가더라도 그것은 인간을 위한 것이어야 한다는 점이다. 부부 일방이 다른 일방을 억압하거나 지배하는 것이 아니라 서로 견제하며 존중하면서 자아의 완성을 돕는 것이어야 한다. 결혼은 불완전한 인간을 완전한 인간으로 만드는 좋은 것이다. 결혼을 통해 인간이 행복해 질 수 있어야 한다.

　저만치서 봄이 오는 3월이다. 결혼식들이 몰리는 계절이다. 결혼은 신랑, 신부 자신들을 사람답게 만들고 행복하게 만들 것이라는 희망을 품고 두 사람은 오늘도 결혼을 감행한다.

조선의 이혼, 세상에서 가장 어려웠다

결혼식을 치르기까지 얼마나 많은 고민거리를 해결해야 하는지는 결혼해 본 사람들이면 다 아는 사실이다. 결혼식을 치르기 위해서는 당사자 간에 험난한 밀고 당기기를 끝마치면 그다음으로 양가 및 친족의 밀고 당기기가 시작된다.

어디 그것뿐이겠는가. 결혼식을 위해서는 집의 마련, 혼수품구매, 예식장의 선택, 화장, 예복, 사진촬영, 주례자, 뷔페, 부케, 축가나 축주, 상견례, 폐백, 혼구용품에 이르기까지 세세한 사항에 대하여 일일이 신경을 쓰고 점검을 하며 피를 말린다.

이렇게 힘들게 공을 들여 결혼하고 나서는 결혼 준비기간에 기울였던 것만큼 치열하게 사랑하며 살지 못하는 것 같다. 결혼하면 그때부터 안이해지기 시작한다. 상대방을 위해 헌신하기보다는 상대배우자가 나를 위하여 떠받들어 주기만을 바란다. 정신 차려야 한다. 결혼은 상대방 배우자가 가진 문제들을 수십 년씩 떠안고 살아가야 하는 일인데 안이하게 시작할 수 있는가.

협의이혼에서 이혼 당사자가 단 몇 분도 안 걸려 이혼을 선언히는 담당법관을 바라보며 "내가 원하는 것은 이것이 아니었어….." 라고 독백하면서 허둥대는 것을 본다. 물론 요즘 이혼숙려기간이 있어 몇 분 만에 끝나지는 않지만 씁쓸하기는 마찬가지다.

결혼하고 20여 년이 지나서야 결혼이 무엇인지에 대하여 어렴풋이 감을 잡은 나로서는 지나온 세월을 생각할 때 아찔하다. 지난 세월 동안 배우자와 자녀에 대해 아무런 지식이 없이 살아온 세월이 차라리 용감하기까지 하다. 여자로서의 아내와 아이에 대해 잘 알지 못하면서 덜컥 결혼해서 아내에게 주었을 상처는 얼마나 컸을 것이며, 자식에게 준 노여움은 또 어땠을까? 부끄러운 세월이었다. 이렇게라도 지지고 볶으며 살아간다면 그나마 다행이다. 부부들은 자신을 지키지 못하여 서로에게 상처를 주며 마침내 헤어지기 부지기수다. 결혼이 한 가정의 탄생을 알리는 일이라면 이혼은 그 결혼을 장사 지내는 일이다. 어디 그뿐인가 잘살기를 바라며 옆에서 응원하던 많은 사람의 가슴을 후려 파는 흉기와도 같은 것 아니던가.

연애시절의 사랑이란 대단한 에너지를 가진 영적인 대상이다. 그 신비하고 불가사의한 대단함을 무엇으로 형용할 수 있으랴. 하지만 결혼이란 젊은 시절의 처녀, 총각을 장사 지내고 부부라는 이름으로 거듭 태어나는 과정이다. 그러면서 옛사랑을 더욱 소중하고 값진 것으로 지키고 가꾸어 나가는 것이다. 사랑을 지키고 가정을 지킨다는 일은 그렇게 호락호락한 일만은 아니다. 사랑을 유지해 나가기 위해서는 자신이 좀 손해 보더라도 상대를 높여주며 용감하게 사랑해야 한다. 연애시절을 마감하고 결혼생활에 접어들게 되면 처녀·총각시절의 사랑은 왜 그 향기를 잃어버리고 금세 싸늘해지는가. 다 사랑의 부재, 사랑하는 마음의 증발 때문이다. 결혼은 감행한 사랑하는 사람들의 자세라면 이 정도는 되어야 하지 않을까.

사랑이란
고단한 육신을 이끌고
먼 길을 항해하여
그대를 만나러 가는 일이다

사랑은 일심이다
병들어 지친 그대를 위해
거친 폭풍 속이라도 뚫고
달려가야만 하는 일심이다

사랑은 목숨을 걸어야 한다
오해와 질시에
온몸이 서러워도
나 하나만은 흔들리지 말아야 한다

사랑은 무식하게
사랑은 전투하듯
그렇게 해야 한다
너 하나만을 위한 사랑은

('너 하나만을 위한 사랑', 전편)

각설하고, 주변에서 흔한 이혼을 지켜보면서 두 남녀가 만나 결혼할 때 일정한 요건을 갖추게 할 필요가 있다는 생각이 들었다. 많은 부부가 남자와 여자의 차이를 알지 못한 채 살아간다. 결혼의 본질에 대한 제대로 된 교육도 받지 못했다. 결혼할 경우 당사자들만 좋으면 결혼하도록 내버려 둘 것이 아니라 혼인을 하기 전에 일정한 시간 결혼교육을 해야만 건강한 가정이 세워질 것 아닌가.

조선에서도 제한적이나마 이혼은 있었다. 넓은 의미로 이혼은 이이(離異)라고 하였고, 협의이혼을 화리(和離), 강제이혼에는 출처(出妻)와 의절(義絶)이 있었다. 경국대전에는 이혼에 관해 규정한 바 없었으나 법률사항에 대해서는 대명률(大明律)을 의용(依用)하였기에 대명률에 따라 이혼을 규정하였다. 대명률의 이혼사유는 칠거지악이었고 칠거지악에 해당하는 사유가 있더라도 삼불거에 해당하면 이혼을 할 수 없도록 했다. 칠거지악이 주로 중국의 관습을 법제화한 것이기 때문에 조선시대에 와서 무작정 따를 수가 없는 부분이 있어 삼불거로서 이혼을 제한하려 하였다.

— 칠거지악(七去之惡)

조선에서 법정이혼사유였던 칠거지악은 다음의 일곱 가지를 말한다.

1. 불순(불효) 2. 음행(음란) 3. 질투(투기) 4. 악질(불치병)

^{5.} 다언(패악) ^{6.} 무자(자식 없음)

^{7.} 절도(훔침)

— 삼불거(三不去)

대명률에 따라 이혼사유가 있더라도 다음의 3가지 사유가 있을 경우 이혼하지 못한다. 다만 삼불거에 해당하더라도 악질(惡疾)과 간음(姦淫)의 경우에는 출처(出妻)하였다.

^{1.} 돌아갈 곳이 없으면 버림받지 않는다.

^{2.} 부모의 3년 상을 치른 경우.

^{3.} 조강지처(가난하다가 부귀해지면 버림받지 않는다.)

칠거지악 중에서는 시부모에 대한 불효가 가장 큰 대죄였으며, 음란과 질투는 다음 순이었다. 양반의 이혼에 대하여 형조나 의금부의 조사를 하는 사핵절차를 거친 후 왕이 윤허해야 하는데 악역과 음란 이외에는 이혼을 허락하지 않았다.

조선왕조실록을 보면 "조선에는 아내를 내쫓는 법이 없으므로 비록 사납고 행실이 나쁜 아내가 있더라도 감히 부부의 인연을 끊지 못하므로 집안을 망치고 인륜을 깨뜨리는 경우가 많다."라고 한탄하는 대신들이 간언하는 장면을 자주 보게 된다. 부부의 연을 중시하고 절의와 인간의 근본을 중시해 이혼을 거의 허락하지 않았다.

그래서 정처(正妻)와 살기 싫은 남자들은 첩을 거느리고 안방 출입을 하지 않음으로써 이혼을 대신하는 별거를 성행케 하였다. 그만큼 이혼이 어려웠기 때문이었다. 또한, 오늘날에도 이혼은 사회·경제적 문제였지만 여성의 사회적 참여가 가능하지 않았던 당시로써는 이혼은 극빈자를 양산하게 되어 당시 조선사회가 책임지기 어려운 문제였을 뿐만 아니라 대의명분을 중시하는 통치 이데올로기상 이혼을 인정하기 어려운 사회였다.

그랬던 것이 흔한 이혼으로 사회문제가 된 것은 이미 오래전의 일이다. 기독교적 결혼관이나 조선의 결혼관은 일종의 언약적 결혼관의 범주에 속할 것이다. 우선 이혼의 남발을 줄이기 위해서라면 제한적이나마 언약적 결혼관을 가진다면 도움이 될 것이다. 처녀 총각이 만나 결혼을 하게 되면 그 순간부터 두 사람의 결혼은 마음대로 파기할 수 없는 언약적 관계로 돌입한다고 생각하면 어떨까. 부부 사이에 분란을 일으키기 위해서는 못난 자아와 정욕이 몸속에 남아 있지 않도록 비워내는 노력이 필요하다. 결혼은 멀고 험한 길이며 처녀 총각의 자아가 죽어야 하는 무덤이며 신었던 구두를 벗어 던지고 장화로 갈아 신고 냉혹한 세상을 향해 진군하여야 할 전쟁터니까.

얼마 전 오랫동안 함께 직장생활을 했던 여직원이 삼십 대 말이 되어서야 서둘러 결혼을 했다. 시집가기 전에 연로한 어머니를 모시고 살았는데 신랑이 지방에 거주하는 관계로 그곳으로 내려가 신혼살림을 하게 되어 있었다. 그녀는 시집을 가던 날 결혼식장에서 얼마나 많이 울었는지 모른다. 그녀는 그날 많이도 울었다. 나는 왜 좋은 날 서럽게 울었는지 잘 알지는 못한다. 하지만 결혼식장에서 가끔 웃는 주인공들을 보게 되는데 웃는 주인공들보다는 우는 주인공들에게 더 공감이 가는 것은 왜일까? 나는 그들이 가야 하는 그 길이 얼마나 지난한 길인가 하는 것을 알기 때문이다. 그날의 기억으로 결혼식을 마치고 서울로 올라와서는 시를 한 편 쓰게 되었다. 그날 많이 울었던 그녀는 눈물을 흘린 덕분인지는 모르겠으나 지금 아주 잘살고 있다는 소식을 가끔 전해 온다. 예식장에서 눈물을 짓는 부부는 좋은 날을 맞는 경우가 많을 것이고 식장에서 철없이 웃는 부부는 슬픈 날을 맞을 가능성이 많다는 것이 내 생각이다. 결혼함으로써 비로소 막장 같은 세상에 본격적으로 선수로 입장할 수 있는 자격을 얻게 된다. 아무나 이 길로 들어설 수는 없으리라.

시집가던 날
그대는 울고 또 울었다
홀로 남겨질 노모와
넘어야 할 아득한 세월을 생각하며
그렇게 서럽게 운 것일까
운명처럼 다가선 그 사람을 만나
이제 한숨을 돌릴 겨를도 없이
구두를 벗어 군화로 바꾸어 신고
세상 속을 진군해야만 한다
기억해야만 하리라, 길 떠나는 그대여
혼인은 도처가 전장이며
처녀 총각의 그 잘난 자아가
죽어 없어져야만 하는 무덤인 것을
그대 오늘 밤 어서 떠나라
기쁨과 눈물로 아로새기며
지층처럼 높게 쌓아 가야 할 혼인,
그 멀고도 아름다운 그 언약의 길을

('그대 아직 가야 할 길은 멀다', 전편)

네 속에 있는 환상을 거두어라

결혼은 결과보다는 오히려 그 과정이 중요하다고 힘주어 말하고 싶다. 모든 일에는 과정과 결과가 있다. 결과가 좋으면 모든 것이 다 좋다는 말은 비즈니스 세계에서나 가능한 말이다. 결국, 사람이 결혼하고 아이 낳고 매일 지지고 볶는 생활을 하는 것도 따지고 보면 돈 벌어 잘 먹고 잘 살자는 것인데 이를 위해 부부관계가 망가져도 좋다는 말은 있을 수가 없다. 돈이 없더라도 살 수는 있지만, 부부간의 정이 없이는 살 수가 없다. 그것이 부부다. 결혼생활이란 희로애락이 교차하는 롤러코스터와도 같은데 그 속에서 두 부부가 함께 리듬을 타면서 얼마만큼 동지적 유대를 가지고 왔느냐 하는 것이 중요하다.

결혼은 공산주의자들이나 인종주의자들이 말하는 것처럼 어떤 목적을 이루기 위한 수단이 아니다. 남녀가 만나 가정을 이루고 평생 희로애락을 누리며 살아가는 그 과정 자체가 결혼이라 부르는 것이다. 어떤 목적을 달성하겠다는 일념으로 가정의 중요성이나 본질을 일시 제한하거나 유보하는 것은 결혼생활을 병들게 하는 일이다. 돈을 좀 벌자고, 출세를 좀 하겠다고 가정을 방치하는 것은 어리석은 일이은 게로의 여기가 없다. 그것이 비록 일시적이라고 해도 말이다. 엎질러진 물을 주워담을 수 없듯 지나쳐 버린 결혼의 일상을 되돌이킬 수는 없다. 결혼은 매 순간 헌신하는 그 과정이 소중하니까

결혼은 어떤 다른 것보다 과정이 중요하다는 것을 설명하기 위해 적절한 사례가 될지는 모르겠다. 십여 년 전 지인 몇 명과 더불어 눈이 엄청나게 쏟아지던 날 청사포(清沙浦)를 찾아갈 때의 일을 비유로 들어 본다. 그날 해운대 달맞이 고개 아래에 있는 청사포를 찾아갈 때까지만 해도, 이름 그대로 푸른 모래사장이 늘어선 아름다운 포구만을 연상했었다. 마치 처음 결혼을 할 때 장밋빛 꿈을 가지고 결혼 생활이 달콤하기만 할 것으로 기대했던 때처럼 말이다. 그곳에 도착하면 일상의 스트레스를 한 방에 다 날려 버릴 것만 같았다.

그런 설렘에 함께 떠나 온 일행들과 더불어 즐겁게 이야기를 나누거나 노래를 부르면서 그 마을로 내려갔다. 동해로 향해 달리는 철로가 마을 입구를 지나고 있었고, 마을 주변에는 낮은 산들이 병풍을 둘러쳤으며 눈앞에는 푸른 바다가 끝없이 펼쳐진 아름다운 풍경이 한눈에 들어왔다. 하지만 정작 청사포에 당도하였을 때 우리는 실망

을 하고 말았다. 고대하고 기대했던 푸른 해변의 모래톱은 없었고 육중한 철근 콘크리트 방파제와 시멘트로 만든 이상한 구조물들만 가득 들어차 있는 도시의 평범한 포구였기 때문이다. 그 순간 청사포에 대해 꿈꾸어 오던 지금까지의 환상과 그리움이 싹 달아났다. 그날 이후 청사포에 관해 오늘까지 내 기억에 남아 있는 것은 그 포구까지 갔던 여정의 시간만 추억으로 남아 지친 일상을 위로해 주고 있다는 사실이다.

우리가 기대하는 결혼이라는 것도 말하자면 이와 같은 것이 아닐까. 결혼 그 자체가 어떤 의미가 있는 것이 아니라, 생면부지의 사람들이 만나 사귀고 결혼에 골인하여 지지고 볶으며 청사포를 상상하면서 살아가는 일상이 아름답고 가치가 있을 때 성공한 결혼이라고 부를 수 있지 않을까.

어차피 인생은 빈 잔 들고 떠나갈 운명을 가진 존재들이다. 옛 성인들은 인생은 일장춘몽이라 하여 사라 없어질 꿈에 비유했고, 어느 영화에서는 인생을 한때의 광기라고 말했다. 인생이 이러할진대 인생의 최대사인 결혼 역시 다르지 않다. 결혼에서 무엇을 이루려고 하거나 큰 것을 한 건 낚아 올리려고 애쓰지 마라. 순간순간 배우자와 더불어 즐겁게 마시고 산책하며 이야기하라. 최고의 결혼생활은 별스런 것이 아니다.

> 청사포에는 푸른 모래톱이 없다
> 방파제가 하나 있을 뿐
> 거기에는 잔뜩 그리움만 있다
> 청사포는 가는 길이 아름답다

달맞이 고개를 넘고 넘어
파도치는 바다로 내려서면
동해로 달리는 철로 변에
이국 풍경의 마을이 있다
산다는 것은 청사포와 같은 것
푸른 모래톱을 찾아 나서는
길 위의 아름다운 환상이다
청사포에는 푸른 모래톱이 없다

('청사포 가는 길' 김명)

사람을 바꾼다고 해결될 일이 아니다

어떤 행동이 한 사람의 습관으로서 굳어지기 위해서는 6개월 정도 반복되어야 한다. 그만큼 습관을 형성하는 데에는 시간이 걸리고 오랜 시간을 두고 반복적으로 이루어진 결과라는 것이다. 습관이 한번 몸에 배면 좀처럼 바꾸기 어렵다. 그래서 습관을 제2의 천성이라고까지 말하기도 한다. 배우자의 잘못된 습관으로 결혼생활을 계속하기 어려울 정도에 이르게 되면 그 습관을 바꾸어야 하는데도 불구하고 계속 반복해 나가서 결국 파국에까지 이르게 되는 것을 종종 본다.

이러면 사람들이 범하기 쉬운 오류 중의 하나는 자신의 잘못된 습관을 바꾸기보다는 사람을 바꾸기만 하면 새로운 결혼생활이 시작될 것이라고 착각한다는 것이다. 그래서 이 세상에 이혼이 그렇게 흔한지 모르겠다. 언젠가 도올 김용옥 선생이 자기는 결혼 주례를 절대 안 한다고 이야기하는 것을 들었다. 공부하느라 시간이 없을 뿐만 아니라 두 명 중 한 명이 이혼하는데 주례를 섰다가 이혼하게 되는 것을 학자로서 참을 수 없다는 말이었다. 사람에 따라서는 성공한 이혼도 있겠지만 대부분 이혼은 결혼을 통해 이룩한 성(城)인 한 가정을 허무는 일이며 그 후유증 역시 만만하지 않다. 나아가 이혼은 두 사람의 관계를 끝낸 뿐만 아니라 때에 따라서는 정신병과 범죄, 자녀의 비행을 달고 오기도 한다.

이 세상에 영원한 것은 없다. 남녀 사이의 사랑도 예외가 아니다. 사랑은 움직이는 것이라는 말처럼 부부의 사랑도 영원한 것이 아니라 잘못하면 옮기거나 끝장나게 되어 있다. 한 번 결혼에 골인하기만 하면 그것으로 죽을 때까지 편안하게 결혼생활을 이어갈 수 있다는 것은 환상이다. 당연한 이야기가 되겠지만, 행복한 결혼생활이란 결혼하면 저절로 얻어지는 것이 아니라 부부들이 상호 노력하며 만들어 가는 열매다.

얼마 전 폐암으로 죽어가는 노모와의 마지막 순간을 통해 인간 삶의 소중한 것들을 성찰하게 하는 실뱅 비글레이슨 감독의 〈남아 있는 나날〉(Twilight of A Life)이라는 다큐영화를 본 적이 있다. 삶에서 무엇이 중요한 것이냐며 죽어가는 95세의 노모에게 던진 아들의 물음에 노모는 '노력하는 것'(Make an effort)이라고 답변하는 장면이 나온다. 인간이 살면서 노력하는 것이 가장 소중하다는 것이다. 이 말은 결혼생활에 있어서도 꼭 필요함은 물론이다. 그러기 위해서는 좋은 습관을 기르고 나쁜 습관은 과감히 버려야 한다. 어느 시인의 시처럼 우리의 결혼 역시 눈꽃처럼 녹아서 사라지기 전에…….

영원한 것은 아름답다고 믿은 적이 있었다
영원히 살기를 바랬던 날도 있었다
그러나 삶이 나에게 가르쳤다
아름다운 것은 영원한 것이 아니라는 것을
내게 아름다운 것은 헛것이었다
하늘 깊이 반짝이는 새벽 별이나
붉게 타오르는 저녁놀
풀잎 끝에 매달린 맑은 이슬 같은
내가 진정 아름다워 하는 것들은
영원한 것은 아니었다
오래 기다렸던 첫눈도
눈이 피우는 나무의 눈꽃들도
결국, 녹아버리고 마는 흔적이었다
사람의 사랑도 마찬가지였다

첫사랑의 첫 키스 같은 가슴 떨림도
흑백사진으로 남는 추억이었다
그때 사랑하는 사람에게 내가 한 약속도
헛것이 되고 말았다
내가 영원히 사랑한다고 약속했기 때문이다
세상에 영원한 것은 없다
영원한 것은 헛것이다

(정일근, '아름다움에 대하여' 중에서)

주변에 이혼해서 눈꽃처럼 사라지는 부부들을 보게 된다. 그리고 수많은 이혼사례를 접하다 보니 이제는 상대방이 내게 와서 들려주는 하소연만 들어도 다음에는 어느 단계에 돌입하게 될 것인지를 어느 정도 예측할 수 있게 되었다. 그래서 나는 그들에게 충고해 준다. 반성 없이 이렇게 계속 가다가는 다음번에는 무슨 일이 일어나며 이런저런 과정을 거치다가 결국 그대들의 거울은 깨어지고 말 것이라고. 사람들의 행동은 어느 정도 유형화해서 결과를 예측할 수 있을 정도로 유사한 패턴과 행동을 반복하는 경향이 있기 때문이다. 법원의 이혼판례 수백 건을 읽고 나면 '누구라도 그 분야에 대해서는 어느 정도 일가견을 형성할 것으로 믿는다.

다음에는 결혼생활 중 버려야 할 습관에 관해 법원의 판례와 시를 섞어 설명해 나갈 것이다. 많은 내용과 사례들 중 먼저 '말의 사용'부터 시작하고자 한다. 잘못 사용하는 말들이 어떻게 결혼생활을 끝장내는지 생생하게 보게 될 것이다.

설화(舌禍)를 자초하지 말자

말을 함부로 하여 자신을 자책하고 부끄러워하던 순간들이 있을 것이다. 차라리 잠자코 있었으면 될 일을 말을 쏟아내어 일을 그르쳤다는 자책 때문에 괴로워하던 순간 말이다.

하지만 속이 좁아 그것을 마음속에 가만히 담아 두지 못하고 배우자나 아이들 또는 직장의 동료에게 쏟아내어 잘못을 저지르는 일이 부지기수다. 세월이 지나고 나면 오해도 풀리는데 사람들은 느긋하게 지켜보거나 기다려 주지 않는다. 함부로 입을 놀려 일을 저지르고 난 뒤 자신을 자책하는 일을 반복한다.

나잇살이나 먹고

겪을 일 웬만큼 겪었으면

해서는 안 되는 말이 있다

결혼해 아이 낳고 살며

몇 번 쓰러져도 보았으면

하지 말아야 할 행동이 있다

입술을 지켜 침묵할 것,

남의 잘못을 보고 침묵하라

너의 선행에도 침묵하라

위대한 세월이 다 지나면

시시한 날들을 치유하리라

그대 침묵하라 또 침묵하라

('그대 침묵하라', 전편)

    말을 잘못 해 놓고 후회를 하며 지은 시다. 이 글을 읽는 사람들은 이런 경험이 없는지 반문해 보라. 말로 관계를 허물고 급기야 말로 사랑을 허물던 날들이 그 얼마였던가를.

    글을 써서 화를 자초하는 일을 필화(筆禍)라고 한다. 그리고 신문에 대서특필 되기도 한다. 하지만 말로 인해 화를 자초하는 경우를 설화(舌禍)라고 불러도 좋을 것이다. 이 풍진 세상 그냥 살아도 힘든데 입을 놀려 화까지 자초한다면 어찌 될 것인가?

    — "입은 화를 부르는 문이며, 혀는 몸을 베는 칼이다. 네 입안에 있는 말은 너의 노예지만, 그것이 입 밖에 나오면 곧 너의 주인이 된다. 입이 가벼울수록 수명이 줄어든다."

도대체 이런 무시무시한 경고의 말은 왜 존재하는 것일까? 그리고 결혼생활과는 무슨 상관이 있는가. 살면서 말의 사용은 늘 문제가 되는데 사람들은 말을 통하여 상대와 소통하기 때문이다. 상대방의 마음과 태도를 읽을 수 있는 확실한 단서는 그 사람의 말을 통해서다. 듣기에 좋은 말을 하는 것은 세상의 어느 것보다도 귀하다. 말은 그 사람의 전부다. 그런데 문제는 말을 내뱉는 혀는 길들이기가 어렵다. 우리는 모두 혀를 제어하고, 혀를 길들여야만 한다. 혀는 비록 미미한 것이지만 혀의 놀림 때문에 초래되는 결과는 엄청나니까. 사람의 모든 것을 송두리째 무너뜨릴 수 있다. 그래서 누구는 혀는 불이요, 불의의 세계이며 혀는 우리 지체 중에서 온몸을 더럽히고 삶의 수레바퀴를 불사른다고 하였을까? 나아가 혀는 능히 길들일 사람이 없으며, 쉬지 않는 악이고 죽이는 독이 가득한 것이라고까지 서슴없이 말했을까.

　부부들에게도 마찬가지다. 시간만 나면 사람을 비방하고 책망하는 말을 쏟아 내는 것을 경계해야 한다. 부정적인 말은 서서히 말하는 사람을 죽이고 상대를 죽인다. 할 말이 없으면 침묵을 하던가 부정에 항거해 일부러라도 좋은 말을 하는 연습을 해라. 그러면 마음이 한결 부드러워지고 상대도 좋아할 것이다. 부정적인 말을 내뱉는 것은 속이 꼬이고 좁아서 그렇다. 결국, 사람들은 그 사람과 만나기를 꺼리며 피해버린다. 홀로 부정한 말들 속에 파묻히고 고립되어 죽어가게 된다. 말은 결국 속에 있는 것이 밖으로 나오는 것이기에 부정적인 말은 곧 나를 죽이는 것이라고 생각하면 된다. 무심코 던지는 비판, 흉보기, 욕지거리는 내 인생을 가치 없이 만든다. 가능하면 온유하고 부드럽고 사랑스러운 말을 사용하자. 억지로라도 그리하라. 그러니 유머를 사용할 줄 아는 사람은 대단한 사람임이 틀림없다. 유머는 정신적인 여유가 있음을 의미할 뿐 아니라 큰 그릇임을 말해 준다.

아울러 부부지간에 좋은 말의 사용과 더불어 가능하면 보디랭귀지도 섞어 사용해 보기를 권한다. 배우자가 피곤해하거든 어깨라도 주물러 주면서 우스갯소리 던지는 여유를 가진다면 맺혔던 응어리가 녹아내릴 것이다.

결혼생활을 파국으로 이끌고 가는 대화는 어떤 대화인가. 그것은 당연히 해서는 안 되는 말이며 부부간에 필요한 최소한의 예의를 무시하는 말이다. 다음 이혼사례들에서 보는 바와 같이 상대에 대한 비난과 비하, 모욕, 욕설, 무시가 가득한 말들이다. 이 속에서는 신뢰가 들어설 수가 없으며 잘해보자는 건설적인 희망은 흔적도 찾아볼 수 없다. 그냥 마구 허무는 말이 난무한다. 그래서 그들은 결국 어찌 되었는가. 대답은 간단하다. 그들은 그래서 이혼을 했다는 것이다.

— (판례사례 1) 어느 정도 생활고가 해결되어 가자 남편은 차츰, 자신은 전공분야뿐만 아니라 문학, 음악 등의 교양분야에 깊은 관심이 있는데 아내는 일상사 이외에는 관심을 두지 못하여 자신에게 어울리지 않는다고 생각하게 되었고, 남편의 동생부부와 저녁을 같이 하는 자리에서 남편이 꺼낸 대화에 아내가 참여하지 못하는 것을 보자 '당신은 파출부 역할밖에 하는 것이 없다.', '남자가 집에서 대화가 통하지 않으니 밖에서 술을 마실 수밖에 없다.'라는 등의 모욕적인 말을 서슴없이 하였다.

— (판례사례 2) 아내가 화가 나서 남편에게 현관문을 열어주지 않자 남편은 '문 열어라. 이 집은 내 집이다.'라고 하였고, 아내가 '이 집은 내 집도 된다.'라고 하자 남편은 '이 도둑년아. 나 진주 내려간다.'라면서 가버렸는데, 잠시 후 아내에게 전화를 걸어 '전기, 수도, 가스 끊을 거다. 3,000만 원 줄 테니 이 돈 들고 나가라.', '이혼하자.'라고 말

하였다. 아내가 임신 중이어서 태어날 아이를 위하여 절약해야 하니 시부모님에게 매월 20만 원을 지급하는 것을 줄이라고 말하자 남편은 '절대로 안 된다. 부모와 자식 간의 일에 참여하지 마라.', '임신을 무기 삼지 마라.'라고 말하거나 아내가 임신을 위하여 노력하던 중 병원에서 알아본 자신의 배란일이 2~3일 후이므로 휴식을 취하면서 임신을 준비하자고 하였으나, 남편은 아내에게 벌초하러 가겠다면서 '임신은 다음 달에 해도 된다, 착각하지 마라. 세상에서 소중한 사람은 네가 아니고 우리 부모다.'라고 말하기도 하였다.

그런데 위 아내는 이 사건 부동산으로 이사한 후에는 점점 더 많이 외출하고 술을 먹고 늦게 귀가하는 빈도가 증가하였다. 그러자 남편은 아내의 남자관계를 의심하면서 아내를 '미친년, 화냥년'이라고 부르면서 아내와 다투었다.

놀라운 말들이다. 이 정도 되면 이건 말이 아니고 오염된 쓰레기다. 막말이다. 이 말을 쓰는 사람들은 막가는 사람들이다. 이 말들을 하는 사람이나 듣는 사람 모두에게 건강에 좋지 않은 영향을 줄 것이다. 설상가상으로 여기다가 폭행이 가해진다면 어찌 될까? 그것은 불난 집에 부채질 정도를 하는 것이 아니라 아예 기름을 붓는 꼴이 된다.

말의 사용 중에는 특별히 주의해야 할 일이 있다. 말 중에서 상대방의 출신이나, 능력, 관계를 비난하는 말은 삼가야 한다. 그리고 입에 담을 수 없는 쌍스런 말은 사용하지 않도록 주의해야 한다.

간혹 외모로 보아서 별 볼 일 없는 남자인데 이상하게도 여자들에게 인기가 있는 사람들을 보게 된다. 그런 사람들은 대체로 말을 제대로 사용할 줄 아는 사람들임에 틀림이 없다. 함부로 떠벌리거나 자신의 이기심을 쏟아내는 것이 아니라 상대방을 배려하며 때로는 침묵할 줄 아는 그런 사람들이다.

이야기할 때의 자세나 태도 역시 중요하다. 원만하지 못한 부부는 대화할 때 서로 쳐다보며 대화하기보다는 팔짱을 끼고 상대를 내려 보거나 경멸하는 태도를 보인다. 이런 상태에서 좋은 대화가 오고 갈 수 있을까? 반면에 대화 중 부드러운 태도와 눈빛, 상대의 말을 들어 주는 경청하는 태도는 부부의 대화를 훨씬 부드럽게 만든다.

그리고 내가 말을 많이 하는 것보다 상대방이 하는 말을 들어 주는 것이 대단히 중요하다. 왜 그런가? 상대의 말을 잘 들어 준다는 것은 말하는 사람을 존중한다는 태도가 밑바탕에 깔렸기 때문이다.

보통 남자는 하루에 12,000단어를 사용하고, 여자는 24,000단어를 사용한다는 연구결과가 있다. 아내는 남편이 오기를 기다렸다가 못 했던 말들을 풀어놓기 시작한다. 남자들로서는 이해가 잘 안 되는 대목이다. 아내가 말을 많이 하는 것은 그렇게 함으로써 일상에서 쌓인 삶의 독소를 배출하는 것이다. 남자들은 말에 대하여 직관적이며 결론부터 알고 싶어 한다. 하지만 남편들은 아내의 말에 결론이라는 것은 처음부터 없다고 생각하면 된다. 결론은 아내들이 이미 다 알고 있다. 그러니까 그냥 아내가 하는 말을 들어주기만 해도 아내들은 고마워할 것이다.

여자 아니 아내는 왜 말이 많은가? 진화생물학적인 측면에서 보면 이해가 간다. 암컷은 자신과 새끼들을 지키기 위해 강한 것에 의지하려는 본능이 있다. 주변과의 관계가 중요하고, 존재를 위협하는 갈등 요소에 두려움을 느낀다. 갈등을 해소하고 원만한 관계 속에 안정을 누리기 위해 강한 숫컷을 원하며, 말로서 관계의 안정을 도모해야 하기 때문이다. 미국의 신경정신분석학자인 루안 브리젠틴의 연구에 따르면 성적충동의 중추는 남자가 여자보다 2.5배 발달한 대신 언어와 청각중추는 여자가 남자보다 11% 더 발달한 것으로 조사되었다.

여자는 대화를 통해 위로와 안정을 느낀다.

역사적으로 볼 때 조선시대에도 말이 거친 여자들이 있었다. 조선 성종 조에 왕이 왕비 윤씨를 폐위하는 이유로서 부모에게 불순종하며(不順去), 투기가 많으며(妬去), 말이 많다는 것(多言去)을 사유로 들었다는 기록이 있다.

말에 실수가 없으면 틀림없이 온전한 사람이다. 말로서 관계를 허물기도 하지만 말을 잘 사용하면 안 좋았던 관계를 복원하기도 한다. 말이란 그런 양날의 칼이다. 말을 사용하는 법이 곧 인생이다. 말을 잘 사용하면 나도 살고 상대도 살리지만 입을 함부로 놀렸다가는 나도 죽고 상대방도 죽이게 된다. 차라리 아무 말도 하지 않았으면 좋을 것이다. 그래서 격언 중에 웅변은 은이고, 침묵은 금이라는 말이 있다.

기억해야 한다. 말은 뱉으면 그냥 사라지는 것이 아니다. 말은 열매를 맺을 수 있는 하나의 씨앗이다. 좋은 말을 사용하기 위해서는 침묵하며 기다리는 지혜가 필요하다. 겸손하게 참고 견디며 때와 장소에 적합한 가려 쓰는 말은 상대방을 살리는 말이 된다. '말을 위한 기도'라는 시는 말의 신비함을 잘 대변해주고 있다.

> 제가 이 세상에 태어나
> 수없이 뿌려 놓은 말의 씨들이
> 어디서 어떻게 열매를 맺었을까
> 조용히 헤아려 볼 때가 있습니다
>
> 무심코 뿌린 말의 씨라도

그 어디선가 뿌리를 내렸을지 모른다고 생각하면

왠지 두렵습니다

더러는 허공으로 사라지고

더러는 다른 이의 가슴 속에서

좋은 열매를 또는 언짢은 열매를 맺기도 했을

언어의 나무

…

넘버마 세가 말을 하고 싶도록

허락하신 주님

하나의 말을 잘 탄생시키기 위하여

먼저 잘 침묵하는 지혜를 깨치게 하소서

…

제가 이웃에게 말을 할 때에는

하찮은 농담이라도

함부로 내뱉지 않게 도와주시어

좀 더 겸허하고

좀 더 인내롭고

좀 더 분별 있는

사랑의 말을 하게 하소서

(이해인, '말을 위한 기도' 중에서)

가정, 인간의 치졸함이 다 드러나는 곳

— "가족은 좋든 나쁘든 인간자질과 가치에 대한 가장 기본적인 진가가 일어나는 집단이다." (플레처)

연애는 남녀가 만나 자신들의 치부를 다 들어내는 것이다. 그래서 내가 얼마나 유치하고 욕심이 많고 형편이 없는 사람인지 하는 것을 알 수 있다. 이러한 두 남녀가 만나 결혼을 하더라도 별반 다를 바가 없다. 다만 연애시절 때보다는 조금 순화되었다는 것일 뿐이다. 남녀관계는 치사하고 유치하기 짝이 없다. 그렇게 지지고 볶는 것이 남녀관계다. 원래 남녀관계에 무슨 고상한 가치를 지향하고자 하는 것들은 다 거짓말이다. 가족은 인간의 모든 치부와 악랄함이 적나라하게 드러나는 곳이다. 살면서 이곳만큼 싸움이 자주 일어나는 곳도 없다. 이 사람들만큼 자주 화를 내는 예도 없을 것이다.

가까운 사이일수록 노여움이 더 생기기가 쉽다. 경계를 풀고 편하게 장시간 생활하다 보면 허점이 많이 드러나게 된다. 그래서 상대방에게 역설적으로 상처를 주는 일이 더 자주 생기게 된다.

살면서 사람들은 화를 낼 수밖에 없는 그런 존재다. 불완전하기 때문이다. 그런 연유로 사람들에게 절대 '화를 내지 마라.'가 아니라 비록 어쩔 수 없어 "화를 내더라도 죄를 짓지는 마라."라는 말이 생겨난 것이다. 그러므로 화를 내더라도 죄를 짓지 않기 위해서 화를 잘 다스리는 지혜가 필요하다.

살면서 배우자에게 화를 자주 내게 되면 배우자를 적으로 만들게 된다. 자신들의 스트레스를 풀거나 상대의 잘못을 알리는 수단으로 화를 낼 수도 있지만, 화를 내면 상대방도 안 좋은 방법으로 대처하게 되어 있으므로 두 사람의 관계가 악화할 수밖에 없다.

화를 내는 이유는 무엇 때문인가? 그것은 대개 육체적 피로나 감정의 침체가 주요원인인 경우가 대부분이다. 아울러 내 생각만 하는 이기적인 자아가 분란을 일으키는데 이것은 교만 때문이다. 화를 내면 상대를 힘들게 만들 뿐만 아니라 자신도 힘들게 한다.

거듭 말하지만, 화를 내고 적당한 시간에 억제하지 않으면 죄를 짓는 일로 연결된다. 화가 나면 물불을 가리지 못하고 손쉬운 희생제물을 찾음으로써 문제를 풀려고 한다. 상대방을 향해 욕을 하고 폭력을 행사하는 등 그 분노를 다른 사람에게 옮기게 된다.

어떻게 화를 다스릴 수 있을까? 이 역시 노력이 필요하다. 우선 침묵을 통해 자신을 성찰할 필요가 있다. 내가 지금 상대방에게 화를 내고 있는 마땅한 이유나 가치가 있는 것인지를 자신에게 따져 물어야 한다. 또한, 화가 났을 때 내가 상대방에게 원하는 바가 무엇인지를 알아듣기 쉽게 구체적으로 명확하게 이야기해 주어야 한다.

화를 내면 소통의 채널이 고장 나게 되는 경우가 대부분이다. 분노의 감정을 품으면 자신이 원하는 바를 상대방에게 명확히 표현하지 못하기 때문이다. 상대방 역시 자신을 향해 날아오는 분노에 대하여 자기방어에 몰입하다 보면 상대방의 말을 분명하게 알아듣지 못하게 된다. 그래서 상호 불통 상태에서 제2, 제3의 행동이 돌출하게 된다.

화를 내기 전에 상대와 대화를 통해 타협점을 찾을 수는 없는지 한 번 살펴보자. 이 경우 타협이라는 것은 어느 한 편만이 이기고 지는 제로섬게임(Zero Sum Game)의 합의가 아니라 양 당사자가 조금씩 양보를 통해 모두 다 승리자가 되는 합의를 말한다.

주의해야 할 것은 타협은 빠를수록 좋다. 가능한 24시간 내면 좋다. 시간을 끌 경우 다른 사람들을 공격하거나 상처를 주어 또 다른 죄를 짓게 되기 때문에 악순환의 고리를 차단해야 한다. 그렇게 하지 못하면 죄를 짓게 되고 두 사람의 관계는 단절된다.

화를 통해 분노를 표출하는 것은 사실을 외면하는 기만적인 면이 있다. 분노가 폭발하면 잘못은 언제나 상대방에게 있다고 전제하게 된다. 분노를 표현할 때 내뱉는 말이나 행동들은 문제를 해결하기 위한 것이기보다는 상대방을 흠집 내려고 동원한 비열한 수단에 지나지 않는다는 것이다.

시시비비를 가리는 것은 문제해결에 있어 도움이 되지 못한다. 문제를 해결하자면 화를 내게 하는 문제를 배우자로부터 분리하여 별도로 다루어 보아야 한다. 다음 판례사례를 보면 순간적인 분노를 다스리지 못해서 연쇄적으로 죄를 짓고 부부관계가 파탄하는 경우를 적나라하게 보여주고 있다.

— (판례사례) 남편은 아내와 다투다가 아내를 폭행하여 아내가 멍든 적이 있었으며 아내와 다투다가 격분하여 밥상을 던졌다. 아내가 경찰에 신고한다며 전화기를 들자, 그 전화기도 던져버린 후 남편이 전화로 스스로 경찰에 신고하여 파출소에서 조사를 받다가 풀려난 적도 있었다. 남편이 자신의 조카 돌잔치에 아이들을 데리고 다녀온 일로 아내와 크게 다투었고, 다툼 끝에 밖으로 나가 외박을 했다가 다음날 귀가하기도 했다. 귀가 후 샤워를 하던 중 아내가 보일러를 꺼 버리자, 화가 난 남편은 망치로 보일러의 전원스위치와 아내의 휴대전화기를 부수고는 아예 집을 나가 현재까지 귀가하지 않고 있다.

화를 자주 내는 사람과는 관계를 지속하기가 어렵다. 분노는 상대방의 신변에 위협을 느끼게 한다. 분노는 때때로 폭력과 폭언을 동반하게 되는데 이 경우 당하는 상대방은 그 장면으로부터 멀리멀리 도망치고 싶어 하며, 그 결과 신변의 안전을 위하여 자기를 보호해 주는 배우자 아닌 제3자의 품으로 달려가는 황당한 일이 생기기도 한다.

화를 내는 것은 상대방을 벌주기 위한 목적으로 사용되기도 한다. 나를 화나게 한 당신이 잘못되었다는 것이다. 이런 때 화를 내는 것은 상대를 정죄하는 것이 된다. 모두 신이 만든 걸작들이다. 그런데 그런 걸작을 피조물이 이러쿵저러쿵 판단하는 일은 창조주의 능력을 불신하는 죄를 짓는 일이다. 인간사의 심판자는 따로 있다고 생각하고 최대한 일상을 즐기고 감사하는 자세가 필요하다.

만일 우리가 화를 내는 일에 혈안이 되기보다는 모든 짐승을 안아들이는 산과 같이 그리고 모든 물고기를 받아들이는 물과 같이 넉넉할 수만 있다면 얼마나 좋을까. 앞에서 본 사례에서 보는 이전투구는 원수들끼리나 하는 행동이다. 결혼은 무엇이고 가족은 도대체 무엇인가? 잘 아는 바와 같이 가족은 식구들의 허물을 까발리는 것이 아니라 탕자가 용서받을 수 있는 곳이다. 상처받은 자가 위로받고 세워지며 살 만한 가치가 있는 존재로 자각하는 치유의 성역(城域)이 아니던가.

> 가족은
> 모여앉아 밥을 먹는 것
> 모여앉아 싸우는 것
> 돌아온 탕자에겐
> 케이크를 준비하고
> 또 다른 탕자에겐
> 머플러를 둘러주는 것
> 배신의 아들이 배신인 것
> 그러다 펑펑 우는 것
> 밉지 않은 것
>
> (허연, '철도원' 중에서)

사탄이 즐기는 선물

술 때문에 결혼생활이 파탄하는 경우는 뜻밖에도 흔하다. 지나치면 술 그 자체도 문제가 되겠지만, 술을 통해 많은 부수적인 폐단을 불러들인다.

술 탓에 이혼하는 경우가 생각보다 많은데 배우자 일방이 술에 빠져 지내면 대화와 같은 정상적인 문제해결보다는 폭력과 폭언을 일삼고 가재도구를 파괴하는 등 범죄행위를 저지르게 된다. 이는 의지로 해결이 안 되는 심각한 육체적 정신적인 질병이다.

술을 마시게 되면 사치와 낭비가 심해질 뿐만 아니라 치료의 구실로 병원을 들락거리며 입·퇴원을 반복하다가 보면 주변 사람들과의 관계도 단절되고 다니던 직장도 잃게 되어 가족의 생계도 막히게 된다. 술과 관련된 다른 폐단은 고려하지 않더라도 직접적인 술값, 치료비, 직장에서 퇴출 같은 것만 생각해 보아도 경제적인 파탄은 불 보듯 훤하다.

가장이 술독에 빠져 살면 가족들은 희망을 잃고 어두운 그늘에서 불안에 떨게 된다. 술로 인한 사례들을 살펴보면 그늘진 가족의 일상이 눈에 그려진다.

— (판례사례 1) 부부는 혼인 초부터 시부모님을 모시고 시골에서 농사를 지으며 살았는데, 남편은 술을 많이 마시면서 농사와 집안일을 전혀 돌보지 않았다. 이들 부부는 인천을 거쳐 서울로 이사하였는데, 남편은 몇 개월간 직장을 다니다가 그만둔 뒤 직업 없이 지내면서 거의 매일 술을 마시고 직장을 다니며 생활비를 마련하던 아내에게 돈을 달라고 하다가 돈이 없다는 말을 하면 폭언과 폭력을 행사하였다. 이처럼 술을 끊임없이 마시던 남편은 알코올 의존증으로 진단을 받기에 이르렀고 이에 아내가 남편의 치료를 위해 병원에 입원을 시키곤 하였지만, 남편은 퇴원하면 다시 술을 마시고 행패를 부리는 일을 반복하였다. 아내는 장기간의 치료가 필요하다고 보고 남편을 서울에 있는 병원에 입원시켜 지금까지 치료를 받게 하고 있다.

— (판례사례 2) 남편은 결혼 초부터 술을 자주 마시고, 별다른 이유 없이 아내를 무시하면서 폭언을 하거나 심하면 아내를 폭행하곤 하였다. 남편은 수시로 술을 마시고 술에 취하면 아내와 아이들에게 폭언하거나 폭행을 하곤 하였는데, 어떤 때에는 너무 심하게 폭행을 하여 아내는 아이들을 데리고 나와 여관에서 잠을 잔 적도 있었다.

술을 먹고 당면한 문제들을 잊어버리거나 적당히 넘어갈 수 있다고 생각하는 것은 단순한 생각일 뿐이다. 잘못된 술버릇은 중독이며 범죄로 본인은 물론 가족을 삼키는 저주의 또 다른 얼굴이다.

술을 가까이하게 하다 보면 비정상적인 일상을 영위하게 되는 경우가 많다. 근로의욕이 생기지 않고 대신 쉽게 돈을 벌려는 마음으로 도박에 빠져들기도 한다. 어디 이뿐인가? 술 때문에 자연히 귀가시간이 늦어지고 외박을 일삼게 되어 결혼생활을 유지할 수가 없고 다른 이성을 만나 불륜에 빠져드는 경우도 많다.

최근에는 여성의 사회·경제적 지위가 높아짐에 따라 아내의 음주가 문제 되어 이혼하는 경우가 이전보다 늘어나는 추세다. 아내의 지나친 음주는 여성의 건강을 해치고 술로 말미암은 잦은 실수로 살림을 살 수 없게 된다. 이쯤 되면 일석삼조가 아니라 술 때문에 생기는 폐단은 일석삼손 이상이라고 보면 된다.

결혼은 공동생활이다. 술을 마시면 가족과 함께 리듬을 타는 일이 안 된다. 늦은 귀가로 인해 가족 구성원들과의 생활 리듬이 깨어지고 수면부족과 정서부족에 시달린다. 정서가 우울하게 되면 통제력이 느슨해져 다시 술을 마시는 악순환이 계속되며 정상적인 사회생활이 어려워진다.

술을 마실 때 벌어지는 폭언과 폭행으로 가족은 불안해 아내나 아이들이 견디다 못해 가출해 버린다. 잘못된 술버릇은 이혼의 진원지다. 남아선호, 남존여비의 남계혈통 위주의 가부장사회에서는 남편이 술 먹고 개보다 못한 짐승이 되더라도 자식을 생각해서 이혼하지 못하고 여성이 희생양이 됨으로써 억지 춘향이 식으로라도 혼인을 유지해 나갈 수가 있었다.

하지만 오늘날에 와서는 술을 먹고 신뢰를 주지 못하는 남편으로부터 얻어맞고 살 여자가 몇이나 될까. 이런 상황이니 이래저래 이혼이 흔할 수밖에 없다.

> 늬 아빈 논둑 밭둑 그 어디에서도
> 술에만 젖는 사람이었어
> 그것도 거친 손으로 온 집안을 뱅뱅 돌다가
> 농약병이나 치켜들 주정꾼이었지
> 나의 대리네 꾀 대리네 휘더거만
> 뒤주 우에 놓인 농약병은 언제나 무서웠어
>
> (오봉옥, '술' 중에서)

잘못된 음주습관은 주변 사람들에게 아픈 기억을 남긴다. 잘못된 음주는 바닥 없이 빠져드는 늪이 되고 본인과 가족들에게 슬픈 노래를 간직하게 하는 사건·사고의 시발점이다.

술 중독에 빠졌다가 극적으로 구조되어 나온 지인이 생각난다. 건설업을 하는 그는 매일 술에 절어 살았다. 그에게는 직업이 문제였다. 술을 먹을 수밖에 없는 상황이었다. 공사를 따기 위하여 발주자를 만나 접대하는 일로 매일이다시피 술을 퍼먹다가 중독이 된 것이다. 그는 본인의 의지와 의료진의 도움, 가족들의 피나는 노력으로 치료를 받았다. 그 후 그는 건설업을 폐업하고 수입은 적지만 월급쟁이로 취직해서 소박한 일상을 통해 재기에 성공할 수 있었다. 직업이 문제라는 것을 직면하고 과감히 직업을 바꾸는 시도가 결실을 본 것이다.

그는 지금 술은 한 방울도 입에 대지 않는다. 주변에서는 한두 잔 정도는 어떻겠냐고 권하기도 하지만 그는 한사코 거절하며 한 방울도 마시지 않았다. 한두 잔만 마시고 일어설 자신이 없기에 아예 한 방울도 입에 대지 않는 것 외에는 방법이 없다는 것이다. 가정의 건강을 위해서는 금주하는 것이 좋다. 사탄이 바쁠 때는 술을 대신 보내서 사람을 망친다는 속담은 그저 생긴 말이 아니다.

인생은 한 방이 아니다

이혼의 원인으로 자주 등장하는 것이 도박이다. 직장과 가정생활을 위협할 정도로 경마, 고스톱, 마작, 카지노 등 도박을 일삼는 것은 문제다. 국내 모 그룹에서는 불륜, 도박, 주식에 손을 대는 사람은 임원으로 쓰지 않는다고 한다. 도박하는 사람은 기업의 리더로서 부적합하다고 생각하기 때문이다.

지인 중에 강원랜드에서 바카라, 블랙잭 같은 도박에 빠져서 헤어나오지 못하고 몇 달 사이 집과 외제 차를 모두 날리고 급기야 집에서도 쫓겨나와 백화점에서 아르바이트하는 사람을 본 일이 있다. 강원랜드 주변에서는 도박으로 모든 것을 잃고 손님들에게 숙박업소를 소개해 주고 용돈을 받거나 대리배팅 등을 해주고 연명을 하는 이른바 카지노 앵벌이들이 도박장 인구의 30%나 된다.

도박에 입맛을 들이면 일확천금을 노리는 헛된 꿈에 빠져 지내기 때문에 시시한 일상생활에 적응하지 못한다. 도박에는 보상심리라고 하는 강한 중독성이 있기 때문에 그 그늘을 벗어날 수가 없다. 도박의 폐해를 피해 가는 방법은 돈을 잃지 않을 정도로 고수가 되거나 한 번에 딱 끊어 버리는 것이라고 전문가들은 말한다.

도박장을 운영하는 측에서는 돈을 딸 수 있게 내버려 두지 않는다. 어느 여성은 아파트 3채를 2년 만에 날렸으며, 또 어떤 중소기업 사장은 1년 동안 10억여 원 이상을 가지고 도박을 했지만, 결코 돈을 딸 수 없었다고 고백했다.

도박을 하지 않는 배우자의 처지에서 보면 도박에 빠진 상대방을 신뢰할 수가 없다. 가정경제를 꾸려나가는 데 있어 미래를 계획하거나 예측할 수가 없어 늘 불안한 생활을 이어가기 때문이다. 이것은 생활의 안정을 중시하는 사람들에게 얼마나 큰 실망이 되는 일인지 경험해 보지 않은 사람들은 모른다.

도박에 빠지면 정상적인 사고를 할 수 없어 도박을 만류하는 주변 사람들의 조언에도 아랑곳하지 않고 오히려 폭력을 행사하기도 한다. 그뿐만 아니라 도박에 빠지면 돈을 잃고 면목이 없어 명절날에도 집에 돌아오지 못하며 가족과 헤어져 사는 등 인간으로서의 기본적인 인격마저 무너지는 비참한 상황에 부닥치게 된다.

이혼사례에서 보는 바처럼 도박은 돈을 낭비할 뿐만 아니라, 외박, 불륜, 유기, 직장의 상실, 가족을 유기하는 등 일상생활을 이어 나갈 수 없는 폐해를 몰고 온다.

— (판례사례 1) 남편은 혼인 초부터 일정한 직업 없이 가정을 소홀히 한 채 도박과 외박을 일삼았으며, 아내의 요구에 따라 도박과 외박을 그만두겠다는 각서를 작성하고도 도박을 계속함으로써 남편 소유의 주택을 담보로 제공하여 3,000만 원을 대출받는 등 모두 1억 원가량의 채무를 부담하게 되었다. 위 인정사실에 의하면 부부 사이의 혼인생활은 남편이 가정을 돌보지 않은 채 도박 등으로 거액의 빚을 지고 가출함으로써 회복하기 어려울 정도로 파탄되었다.

— (판례사례 2) 남편은 도박과 경마에 몰두하여 재산을 낭비하였다. 이에 아내가 자중할 것을 권유하였는데, 남편은 오히려 아내를 폭행하였다.(중략) 남편은 직장에 다니다가 직장에서 사직당하였고, 그 후 별다른 직장 없이 지내왔다. 아내는 남편이 도박을 일삼으며 생활비를 주지 않았다.(중략) 남편은 미국에 있는 동안 수시로 카지노에 다니면서 도박에 빠졌고 이 때문에 급기야 1억 원가량의 채무를 부담하게 되었다.

도박은 동서고금을 통하여 이어져 내려온 오래된 이혼사유 중의 하나다. 인간이 유희적인 존재인 만큼 도박에 미혹될 수도 있는 것이 인간의 본성이기도 하다.

과거에도 가족의 도박과 사행성 행위 때문에 고통을 받는 식구들이 많았다. 도시뿐만 아니라 농촌에서도 농한기에는 이렇다 할 소일거리가 없어 가장이 화투나 마작을 하고 아내들은 허구한 날 방안에서 독수공방하는 일이 다반사였다.

아버지는 조합 숙직실에서 마작으로 밤을 새우겠지
아내는 오늘도 뜨개질을 할까
대추나무에 와 걸리는 바람소리에도 몸을 떨며
친구들은 누룩이 뜨는 밀주집 뒷방에서

화투판 투전판으로 나를 유혹하고

(신경림, '강 건너' 중에서)

도박에 손을 대면 일에 전념할 수 없어 직장에서도 쫓겨나게 된다. 대개 도박장은 아침에 개장하여 다음날 새벽까지 운영하므로 꼬박 밤을 지새우기 때문에 찜질방 같은 곳에서 잘 수밖에 없어 가정생활이 제대로 될 리가 없다. 믿음직한 과거 배우자의 모습은 찾아볼 수가 없고 집안은 메말라서 행복의 그림자도 찾아볼 수 없는 황량한 곳이 된다.

종종 집을 나가서 밤을 지새우기 때문에 외박하고 이성의 유혹에 빠지기도 한다. 배우자의 도박은 가정의 리듬을 깨고 돈을 날려 정상적인 부부생활을 할 수가 없게 한다.

최근 이혼판례를 보면 이전에 보지 못하는 몇 가지 특이한 점들이 발견된다. 무분별한 주식투자가 발단이 되어 가정경제를 뿌리째 흔들고 결국 이혼까지 가는 사례가 점차 늘어나고 있다. 주식투자를 도박이라고 단정 짓기는 어렵지만 널리 사행성의 범주에 속한다고 볼 수 있다. 특이한 것은 중국, 베트남, 말레이시아 등 아시아계의 다문화가정 배우자들의 경우 도박이 심하여 이혼에 이르는 경우 역시 증가추세에 있다. 이런 결과는 환경과 밀접한 관련이 있는데 그들이 살던 도시에는 중심에 카지노가 있어 이런 곳을 자주 접하며 살아왔기 때문이다.

또한, 인터넷으로 하는 스포츠도박이나 경기 도중에 돈을 거는 불법사이트를 통해 도박에 빠져들어 자신과 가정을 망치는 경우가 늘어나고 있다는 점이다. 인생은 한 방이 아니다. 수없는 성실한 발걸음이 모여 건강한 삶을 만들어 나가고 열매를 보는 것이기 때문이다.

노래방에서의 사색

결혼생활을 잘하려면 비행을 저지르기 쉬운 장소를 피해야 한다는 것쯤은 잘 알고들 있을 것이다. 카바레, 술집, 노래방, 모텔, 유흥업소, 음란 비디오방…. 배우자 이외의 이성을 만날 경우 그 장소가 중요하다. 어두침침하고, 은밀하며 비밀스러운 곳은 피하라. 아내나 남편 모르게 카바레, 노래방에서 이성을 만나거나 어두운 조명 아래서 배우자 아닌 이성과의 저녁식사를 하는 것은 다시 생각해 볼 일이다. 이런 장소에서 누군가 추근대고 나온다면 분명한 경계를 그어야 한다.

음란비디오에 빠져 거기서 나오는 행동을 배우자에게 요구하는 경우도 있다. 비디오에 나오는 행동을 배우자에게 가르쳐 배우자의 잠자는 성을 일으켜 세우는 것까지는 좋았으나 배우자의 불륜을 자초하는 경우도 있다.

노래방을 잘못 이용하기도 한다. 요즘 정보지를 보면 20대 이상 여자에게 시급 2~3만 원을 주고 도우미를 구한다는 광고가 몇 페이지에 걸쳐 도배한 것을 볼 수 있다. 마음이 울적하다는 핑계로 혼자 노래방에 가서 탈선으로 이어진다.

나는 노래방이 꼭 필요하다고 생각하는 사람이다. 노래방에서는 치유를 경험할 수 있다. 그곳에 가면 정신적인 스트레스를 한 방에 날려 버릴 수 있다. 어찌 생각해 보면 노래방이 병원보다 나을 때가 많다. 스트레스를 받으면 노래방에 들러 1시간 정도 노래를 부르면 막혔던 것이 뻥하고 뚫린다. 오죽하면 그때의 기억으로 시(詩)를 다 쓰겠나?

술 마시고 단란한 주점 아닌
노래방에 가는 사람들 욕하지 마라
기도하듯 선곡하는 손길 위에
마이크를 잡고 외쳐대는
영혼의 흐느적거림 위에
영원토록 위안이 있을 지어다
노래방에서는 너와 내가 하나가 되고
안갯속 미로 같은 세상이 열린다
힘들고 지친 자들아 주저치 말고
속히 노래방으로 달려오라

이혼한 여동생이 생각나서

구성지게 옥경이를 부르고

남자라는 이유로 묻어두고 지낸

말 못할 우리들 사연을 노래하자

노래방은 예배당처럼 힘을 주나니

사랑과 미움 이별 뒤의 화해도

능치 못할 일이 없느니라

('노래방에서의 사색', 전편)

노래방을 좋아하게 된 데에는 연유가 있다. 언젠가 방송에서 본 일이다. 뇌경색으로 쓰러진 사람이 자기 형님을 따라 노래방에 가서 노래를 따라 불렀다. 처음에는 말이 어눌해서 힘들었으나 한 6개월 정도 노래를 부르다 보니 어느새 병이 다 나아서 타고 갔던 휠체어를 들고 노래방 계단을 나왔다. 그뿐인가, 노래방에는 인생의 온갖 기쁨과 아픔을 치유하는 보석 같은 사연이 무궁무진하다. 이러니 노래방을 예찬하지 않을 수가 없다.

사례를 보면 유흥업소, 카바레, 모텔 등 비행의 장소를 넘나들며 가정을 깨는 장면을 자주 본다. 비행의 장소를 출입하게 되면 당연히 유흥비로 돈을 물 쓰듯 낭비하게 되며, 늦은 귀가와 불륜으로 연결된다.

— (판례사례 1) 아내는 남편을 카바레에서 목격하고 이를 추궁하던 중 남편으로부터 폭행을 당하였다. 한편 아내는 남편이 출근한 후 외출을 하여 카바레를 가는 일이 있었고 술을 마신 채 늦게 귀가하는 일도 있어 이런 일로 남편과 다투곤 하였는데, 남편은 아내의 귀가가 늦어지면 아내의 남자관계를 의심하며 욕설을 하곤 하였다.

— (판례사례 2) 아내는 혼인생활 중 밖에서 다른 남자들을 만나 함께 술을 마시거나 나이트클럽 등에서 밤늦게까지 놀다가 집에 들어오기도 하고 같은 학교 동창인 남자와 함께 승용차를 타고 경주에 놀러 다니기도 하였는데, 이 때문에 남편은 주위 사람들로부터 아내가 다른 남자와 불륜관계를 맺고 있다는 말을 듣기도 하였고 때로는 아내가 만나고 다니는 위 남자들의 처로부터 '부인 단속을 제대로 해라.'라는 말을 듣기도 하였다.

소개된 첫 번째 사례가 아이러니하다. 처음에는 아내가 외박을 일삼던 남편을 찾기 위해 카바레를 찾아가게 되었는데 나중에는 거꾸로 아내가 남편이 출근하면 카바레로 가서 다른 남자들을 만나 불륜을 저지르게 된 사연이다. 악한 것은 파급효과가 크다. 이런 곳을 출입하게 되면 본인뿐 아니라 배우자에게도 안 좋은 영향을 준다.

이뿐만이 아니다. 가정 안으로는 음란한 것들이 발붙이지 못하게 해야 한다. 음란비디오, 음란물건 등을 가정 안으로 나르는 것을 조심해야 한다. 가정에는 아이들이 있고 사랑하는 가족들이 서로 사랑하고 용서하는 천국 같은 곳이다. 창기와 음란업소에서나 볼 수 있는 것들이 가정에서 마구 행해져서는 안 된다. 영국 속담에 "각자의 가정은 그의 성이다.(One's home is his castle.)"라는 격언이 있다. 그만큼 소중한 곳이라는 말이다. 우리 가정이 소중한 곳이 되기 위해서는 먼저 부부들이 그들의 가정을 신성한 성소로 지켜 내야만 할 것이다.

무관심한 그대, 언젠가는 눈물이 되리라

배우자, 자식, 형제자매, 부모
와 같이 소중한 사람들에게 관심을 기울이지 않고 무관심 속에 방치
한다면 겨울이 오는 어느 날 눈물을 흘리게 될지도 모른다. 남녀가
서로 사랑할 때는 달콤해 귀도 먹고 눈이 멀어 상대방의 단점도 감
싸주고 싶을 만큼 좋아 보인다. 연애할 때는 옆에 없으면 못살겠다며
매일 서로의 집까지 데려다 주면서 애를 태우던 사람들이었다. 그래
서 결혼을 하게 되면 오히려 점차 열정이 식어가는 것을 보게 된다.
소중한 사람들에게 관심을 당부하는 한 편의 시가 가슴을 울린다.

울게 되리라 그대

소중한 것들을

그리도 멀리 두고

편지 한 장

전화 한 통 없이

별과 달이 뜨고 지도록

내버려 두면

겨울이 오는 날

서리 오는 아침이 오면

그대, 알게 되리라

때늦은 그날에

눈물을 흘리리라

('눈물이 되리라', 전편)

오늘날 결혼생활에서는 그 어느 때보다도 더 많을 것들을 배우자에게 요구한다. 경제적인 도움은 물론이고 가사분담, 자녀교육, 사랑욕구충족에 이르기까지 이제는 밥만 먹고는 못살겠다는 것이다.

먼저 친밀감과 사랑의 욕구에 관해 살펴보자. 치열한 경쟁사회에서 직장에 나가 지쳐 돌아오다 보면 틈만 나면 쉬고 싶어진다. 또한, 일상적인 권태감이 지배할 때 배우자를 위한 따뜻한 배려의 마음은 차츰 사라지게 된다.

대체로 남편은 아내보다 배우자에 대하여 무관심한 편이다. 남자는 자기 삶에서 아내에게 비중을 많이 두지 않는 대신 자신이 해야 할 일들을 중요시하는 성향이 있다. 반면에 관계를 중시하는 아내는 남편을 자신의 삶에서 큰 비중으로 여긴다. 서로의 기대 차이 때문에 틈새가 생긴다. 당연히 아내의 처지에서는 왜 자신만큼 배려해 주지 않는가 하는 불만이다.

결혼생활의 모든 비극은 결혼하면 모든 것이 잘될 것이라는 환상에서부터 비롯된다. 이것은 결혼생활을 허무는 태산 같은 환상이다. 배우자에 관한 관심과 애정은 결혼했다고 하여 저절로 생기는 것이 아니다. 결혼한다고 하여 상대방이 나에게 잘해 줄 것이라든지 잘해 주어야만 할 것이라는 기대는 금물이다. 만일 그게 아니라면 이 세상 이 부부들 사이에 그 많은 갈등과 반목은 왜 존재하게 되겠는가? 결혼했다는 것은 두 사람이 좋은 그림을 그릴 수 있는 기회가 닿았다는 것을 의미할 뿐이다. 어떤 그림을 그릴지는 전적으로 당사자들의 몫이다. 혼자서는 좋은 결혼이라는 그림을 그릴 수가 없다.

배우자를 무시하거나 배우자에게 무관심하게 되면 언젠가 그 대가를 혹독하게 치른다. 그래서 현명한 사람들은 그 지경에 이르지 않도록 미리 관심과 배려를 한다. 연애할 때를 생각해 보라. 상대를 무시하거나 무관심하면 연애를 할 수 있었겠는가. 그때는 상대방에게 푹 빠져서 주위 사람이 무어라 하든 그 사람만을 생각하며 어떻게 하면 조금이라도 관심을 끌까 고심한다.

결혼하면 신경을 써야 할 범위와 대상이 점차 늘어난다. 남편과 아내의 의무, 시가와 처가, 친척들과 친구들 그리고 자식이 태어나면 좋은 부모가 되어야 한다는 의무감으로 그만큼 상대방 배우자에게 관심을 더 기울이지 못하게 된다.

이혼하는 부부들은 대부분 배우자와 멀어졌다는 서운한 감정들이 있다. 같이 있어도 외롭고 남남처럼 느껴진다는 것이다. 이것은 서로에 관한 관심을 잃었기 때문이다. 배우자로부터 무관심과 무시를 심하게 당하게 되면 아이들마저도 싫어진다. 자신도 추스르기가 힘이 들어 아이까지 보살필 여력이 남아 있지 않기 때문이다.

우리는 모두 사랑과 관심을 받기 위해 몸부림을 치는 인생들이다. 살아가는 이유가 오직 사랑 때문이라는 시가 그래서 공감이 된다.

젊으나 나이를 먹었거나
언제나 그리운 것은 사랑이다
사람들은 서로 미워하고
서로 상처를 주고 하퀴기도 하기만
모두 사랑을 위한 몸부림일 뿐
사람들로부터 잊혀지는 일은
죽는 것보다 싫은 까닭이다
항상 그리운 것은 사랑이다
간당거리며 목숨 붙어 있는 한
언제나 확인하고 싶은 것도 사랑이다
그래, 오직 사랑이다

('살아가는 이유' 중에서)

사람들은 아이나 어른이나 남자나 여자나 할 것 없이 사람들은 모두 자기에게 관심을 두고 사랑해 주기를 갈구한다. 부부라고 해서 예외가 아니며 연애시절을 경험한 이상 항상 그 시절과 견주어 생각하게 된다. 배우자로부터 배려와 사랑을 받지 못한다고 생각하면 분노가 치미는 동시에 상대방을 비난하고 상처를 주기도 한다.

집에 늦게 귀가하거나 외박을 일삼으며 배우자와 대화도 없고 부부관계도 잘 하지 않는 것은 상대에 대한 무관심 때문이다. 판례를 보면 상대배우자와 소통이 없이 일방통행식으로 살아가는 부부들이 맞이하게 되는 상처투성이의 삶을 볼 수 있다.

— (판례사례 1) 아내는 전업주부로 생활해 왔는데 남편은 아내에게 '술을 먹지 않고, 집에서 잠을 자며, 가정을 충실히 돌볼 것과 부부 사이에 이해가 되지 않는 부분은 대화로 풀 것을 약속'하는 등, 결혼 초부터 술을 많이 마시고, 아내와의 대화도 부족한 편이었으며, 아내가 임신한 후부터는 부부관계도 거의 없었다.

— (판례사례 2) 귀가 후에도 아내는 남편과 동거하지 않으려고 하여 생활비와 자녀 교육비를 매월 지급받고 남편과 별거하였는데, 자녀들을 제대로 돌보지 않아 큰아들이 가출하여 다니던 고등학교를 퇴학당하기도 하였다.

— (판례사례 3) 남편은 술을 잘하는 편으로 위 미용실에 다닐 당시에는 일이 바빠 자주 술을 못하다가 호프집을 운영하는 동안 술을 마시고 들어와 아내와 다투는 일이 점점 잦아졌고, 아내가 아이를 출산한 후로는 아이를 돌보는 일을 도와달라는 아내에게 '어떻게 아이 보는 게 힘들다고 할 수 있느냐?'면서 아내를 몰아세우며 신경질적인 반응을 보였다.

무관심과 대화부족은 우울증을 부른다. 혼인 중의 부부는 미혼이나 이혼한 사람의 경우보다 우울증에 빠지는 비율이 적다는 연구결과가 있으나 이것은 우리의 현실과는 많은 차이가 있다. 많은 사례의 경우 결혼생활에 만족하지 못하여 우울증에라도 빠지게 되면 대화가 줄어들고, 가정의 중요한 일에 대하여 상의를 하지 않게 된다. 그리고 많은 갈등이 생기고 부부들의 사회적인 활동도 차츰 줄어든다.

우울증의 발생원인에 대하여는 여러 가지 이유가 있다. 실직과 실연 등의 심리적 원인이나 신체적인 이유도 있을 것이다. 존재를 인정받지 못하고 무시당하고 사랑을 받지 못하면 매사에 자신과 의욕이 없어진다. 모든 에너지를 분노에 쏟아붓게 되어 밥 짓고 빨래하거나 아이를 돌볼 에너지가 고갈되어 버린다. 그리고 이런 결과에 대해 상대에게 책임을 돌리고 화를 내고 물건을 던지며 공격적으로 변하게 된다. 극단적으로 흐를 때는 자살을 시도하기도 한다. 순식간에 가정은 지옥으로 변한다.

어떻게 하면 상대방의 무관심을 관심으로 돌릴 수 있을까를 곰곰이 생각해 보아야 한다. 좋은 해법은 먼저 내 마음의 문을 열어 가슴에 남긴 이야기를 나눌 수 있어야 한다. 직장에서 집으로 돌아와 형식적으로 건네는 "잘 있었어? 아이들은? 오늘 반찬 뭐니?" 하는 식의 초보적이고 사실적인 대화로서는 상대의 마음을 열 수가 없다. 놀라운 것은 우리나라 대다수 부부가 이런 수준의 대화로 하루를 마감한다는 사실이다.

상대의 마음을 열기 위해서는 감정을 나누는 대화를 하여야 한다. 무엇이 감정을 나누는 대화인가? 예를 들자면 오늘 직장에서 있었던 일, 잘못한 일, 가정에서의 애로 등을 서로 이야기할 수 있어야 한다. 이러한 대화를 할 때 듣는 상대는 가만히 듣고 있다가 "그런 상황이었으면 참 힘들었겠다."라고 응수해 주거나 "또 그런 일이 일어나면 어떡하지?" 하는 염려를 해주면 좋을 것이다.

관심과 사랑을 잘 주기 위해서는 상대방이 필요로 하는 것이 무엇인가를 알 필요가 있다. 남편에게 있어 최대의 관심사는 만족스러운 섹스를 하는 것과 존경을 받고 싶은 욕구다. 남자는 아무리 집 밖에서 치이고 다녀도 집에만 오면 왕과 같이 군림하고 싶어 하는 욕구가 있다는 것이다. 아내들은 이러한 욕구에 대하여 말도 안 되는 행동이라고 타박을 주기보다는 그대로 존중을 해 주어야 한다.

또 남편들은 아내가 자신들의 여가활동에 함께해 주기를 바란다.

남편은 휴일만 되면 낚시를 떠나고, 자전거를 타고, 등산을 가는 반면 아내는 집에 남아 집안일을 하고, 이웃과 수다를 떠는 것으로 시간을 보내는 경우가 대부분이어서 부부가 함께 즐길 만한 취미활동은 없다. 이러면 아내는 남편의 자전거 타기, 등산 등에 적극 참여하면 좋을 것이다.

반대로 아내들은 남편들이 비밀이 없기를 바란다. 아내들은 남편들이 투명할 때 만족해한다. 물론 결혼생활에서 100% 다 공개하라는 말은 아니다. 만일 그렇게 된다면 가정은 전쟁터가 될 것이다.

여자의 심리는 감추면 더 알고 싶어 하며 알 수 없을 때에는 이상한 추측을 한다. 남편들이 자신의 일정을 미리 알려주는 등 친절을 베풀면 좋아한다. 반면에 남편들은 이런 것들을 시시콜콜하게 이야기하는 것을 천성적으로 싫어하며 대신 모든 것을 결과로 보여주려 한다.

서로에게 좋은 관계를 유지해 나가기 위해서는 매주 최소한 15시간 이상 두 사람만의 방해받지 않는 시간을 가지라고 말해 주고 싶다. 주중 매일 2~3시간씩 시간을 함께하면 좋을 것이다. 그리고 두 사람이 시간을 가질 때는 아이가 끼어들지 않도록 해야 한다. 결혼생활은 어디까지나 배우자들이 주인공이다. 아이는 결혼생활을 통해 얻은 선물일 뿐이다. 두 사람이 만나서 해야 할 일은 자명하다. 연애할 때처럼 상대방에게 관심을 두고 몰입하는 것이다.

바보여자를 위하여

요즘 같은 세상에 이해하지 못하는 사람들도 많겠지만, 종교적인 갈등으로 고통받는 가정들이 뜻밖에 많다는 것이다. 이는 이혼판례들을 살펴보면 잘 알 수 있는데 특히 아내의 지나친 종교집착으로 문제가 되는 경우가 많다. 여자와 신앙은 어떤 상관관계가 있는 것인가? 여자가 남자보다 신앙심이 더 깊은 것이어서 그런 것인가?

원래 예수가 약자, 병 걸린 자, 문제가 있는 자 등의 고통을 해방하기 위해 이 땅에 오셨다는 사실을 보더라도 명백하다. 가부장의식이 가정과 혼인문화 속에 잔재해 있으면 여자는 약자가 되는 셈이어서 절대자에 의지할 필요를 많이 느낄 것이다. 그래야 남자와의 대등한 관계에 설 수 있을 것이니까 말이다. 물론 이 말을 오해하지 않기를 바란다. 마치 신앙을 가지는 일이 남자들에게 대등하게 맞서는 일이라는 식으로 곡해하지 말기 바란다는 의미다.

별로 흥미가 안 가는 사람들도 많겠지만, 여성들이 하나님의 나라를 이 땅에 건설하는데 많은 이바지한 것은 사실이다. 예수는 여성의 지반적인 희생과 헌신이 없었다면 오늘처럼 이렇게 많은 믿음의 대열을 만들어 내지 못했을 것이다. 예를 들자면 이런 이름들이 필요하다. 미리암, 라합, 룻, 한나, 사르밧의 과부, 에스더, 마리아와 마르다, 향유여인, 가나안의 여자 등등. 안 믿는 사람들은 이 여인들이 무엇을 한 여인들인지 궁금할 것이다.

우리는 어떤가? 우리나라도 기독교가 전파되는 과정에서 여자가 남자보다 훨씬 헌신적이었다. 한 가정의 신앙은 그 집 아내의 신앙을 기준으로 삼기도 한다. 영원한 생명과 진리에 대한 여성의 헌신과 순종은 남성과는 달리 자신의 아픈 배로 생명체를 잉태하여 본 모성이 있으므로 가능하다. 가부장적 가족제도 아래에서 순응하던 여성이 시대의 변화에 부응하여 모든 면에서 자유롭게 한다는 하나님을 선택한 것은 당연한 결과다. 아무튼, 아내의 종교에 대한 헌신은 남편에게 두려움이 되기도 한다. 신앙과 여성은 찰떡궁합이다. 여성은 남성보다 신령한 구석이 많다. 아래의 시는 그런 여성성을 잘 표현해 주고 있다.

남자는 여자에 대해 모르는 것이 많았다
등잔 밑이 어둡듯이 남자는 여자를 몰랐다

여자가 신령스럽다는 것도 모르면서

남자는 늘 여자를 가까이에 두며 살았다

세상의 모든 남자를 낳은 것은 여자였기에

남자는 여자를 이길 수가 없었다

출산으로 그 많은 피를 흘린 기억이 없었고

생명을 위해 십자가를 진 일도 없었다

여자는 살이 찢기면서도 한 번도 비겁하지 않았다

뼈가 틀어지고 이빨이 다 빠져나가도 좋았다

남자는 여자의 싸움 상대가 되지 못했다

무식하고 철없는 남자들이 여자를 울렸다

남자가 모르는 것은 이것뿐만이 아니었다

여자가 어머니가 되면 더 강한 것도 몰랐으니까

남자는 여자를 이길 수가 없다

그건 꿈도 꾸면 안 될 불경스러운 일이다

('바보남자', 전편)

이러한 신앙에 대해 여성의 강한 성향은 가정이라는 닫힌 공간에서 속 좁은 남자와 자주 문제를 일으킨다. 강할 경우에는 더 심한 불꽃을 일으키며 집을 불사르는 경우도 자주 본다.

가부장적인 가족제도 아래에서 생활하던 아내는 교회에 오면 자유로운 분위기와 자신의 힘든 사정을 절대자에게 하소연할 수 있다는 점에서 위안을 받을 것이다. 또한, 힘과 위로를 주는 찬송을 부르면 우울해 졌던 마음이 치유되는 느낌을 받게 된다. 진리가 너희를 자유롭게 한다는 말처럼 기독교 교리는 모든 사람을 평등하게 대하는 면이 있어 가정 내에서 약자라고 볼 수 있는 아내로서는 반가운 일이다.

이에 비해 남편들은 아내가 교회에 나가는 것을 반기지 않는다. 가부장은 집안의 정상이며 식솔들을 지휘하는 근엄한 지휘관의 자리다. 그런데 성경을 보면 이러한 가장도 모두가 죄인이라고 하며 사람은 누구나 평등하다고 가르치니 남편이 이런 교리를 가진 신앙을 따르기가 힘들다.

가끔 주부들이 집에 눌러앉아 살림만 살면 마치 아무 쓸데 없는 사람처럼 착각이 들기도 하는데 교회만 나가면 귀하게 대접을 받는다. 교회가 참 좋은 곳이라는 생각을 하게 되리라. 세상 나쁜 유혹에 빠지지도 않을 수 있고, 비용을 들이지 않고도 교회에서 시간을 보낼 수 있다는 생각이 들면서 이만큼 좋은 곳이 없다. 이곳이 바로 천국생활 아닌가 하는 생각에서 죽자사자 교회에 매달린다.

그러나 남편의 이해가 부족하고 아내 역시 교회에 나가는 일을 남편의 간섭을 벗어나기 위한 도피처로 삼으면 조용했던 집안에는 분란이 생긴다. 가정주부로서 가사와 아이를 돌보는 본업을 뒷전으로 하고 교회로 가는 것도 모자라 기도원으로 어디로 발길을 옮긴다. 남편은 아내가 남편 자신의 통제력을 벗어나는 것에 대한 강한 불만이 생겨 교회를 가지 못하게 하고 그것이 안 될 때는 폭력을 행사하기도 한다.

이런 가정들을 볼 때 믿는 사람이 믿음이 있는 배우자를 만나는 것은 복 중의 복이다. 결혼을 준비하는 사람이 명심해서 들어야 하는 조언 중의 하나가 상대방과 나이, 재산, 명예, 신앙, 자질, 성격 등이 비슷한 사람들끼리 결혼하라는 충고다.

예를 들어 신앙이나 나이 등의 차이 하나만으로도 결혼생활은 뒤죽박죽될 수 있기 때문이다. 결혼할 때 쉽게 변하는 조건들, 즉 직업이나 재산 등을 가지고 배우자를 선택할 경우 그런 조건들은 결혼 후에 없어지거나 바뀔 수 있다. 그것들을 신뢰하여 결혼한다면 결혼은 수시로 위기를 맞이하게 될 것이다. 그래서 가변적인 조건들이 아닌 신앙이나 성격, 성장배경 등을 잘 살펴야 한다.

연애를 좀 했다고 하여 결혼상대에 대하여 많은 것을 알았다고 착각하면 안 된다. 연애할 때는 자신의 단점을 숨기고 좋은 점만 보여주며, 연애감정에 미혹되어 상대방의 모든 점들을 객관적으로 파악할 수 없다. 이렇게 되면 결혼상대를 잘 모르는 상태에서 선택하게 되는 위험에 빠진다.

그렇다면 무슨 기준을 가지고 배우자를 선택해야 할까? 믿음을 가진 가정에서 좋은 신앙생활을 해왔으며 현재도 좋은 믿음생활을 하고 있다는 사실은 그 사람을 보증해 줄 수 있는 보증수표다. 믿는 사람이 세상 기준으로만 살아온 신앙이 없는 사람을 만났을 때 발생하는 문제는 심각할 수도 있다. 믿는 사람이 믿지 않는 사람을 결혼상대로 선택했다는 것은 그만한 각오와 인내가 필요하다는 것을 알아야 한다. 신앙적으로 말하자면 이들은 빛과 어둠의 만남이며 전혀 인생관이 다른 두 사람의 혁명적인 만남이라는 사실을 간과한다. 세상 일이 어디 사람 마음먹은 대로만 되는 일이 있던가. 만일 믿는 사람이 믿음이 없는 사람과 결혼을 하였을 때 그 때문에 생기는 갈등을 현명하게 감당해야만 하리라.

주변에 보면 아내의 잘못된 신앙의 길 탓에 가정이 위태로워진다. 이렇게 되면 배우자와 가족들과 유대를 할 수 없는 상황에 빠진다. 잘못된 신앙생활뿐만 아니라 이단과 같이 잘못된 종교를 선택하는 때도 불행을 자초한다.

— (판례사례 1) 교회에 다니기 시작하면서부터 교회나 기도원에서 많은 시간을 보내며 자주 집을 비우고, 아이들의 의사와 관계없이 교회에 데려가거나 아이들에게 집에서 기도하고 찬송가를 부르라고 시키곤 하였다. 남편은 아내가 가사를 소홀히 하면서 아이들에게 과도하게 종교생활을 강요한다고 생각하여 아내의 행동에 불만을 품고, 아내에게 집을 비우지 말고 아이들에게 종교 활동을 시키지 말라며 폭언을 하곤 하였다. 아내는 아이들에게 '아빠 마음에 악한 마귀 사탄이 있다, 아빠가 하는 일은 마귀가 하는 일이다. 아빠 말을 듣지 마라, 아빠를 배척하고 아빠가 싫어하는 일을 해야 아빠가 예수를 믿는다.' 등으로 말하곤 하였다.

— (판례사례 2) 아내는 종교에 심취하여 가정생활을 소홀히 하였고, 신용카드로 과다한 지출을 하였으며, 공연히 남편의 여자관계를 의심하여 남편의 소지품과 승용차를 뒤지고 손괴하는 등 견딜 수 없는 고통을 주었다.

— (판례사례 3) 아내는 이단이라고 하는 종교를 신봉하고 있고, 1주일에 3번씩 1~2시간 정도 걸리는 종교집회에 아이들을 데리고 참석했다. 남편은 처음으로 아내가 위 종교를 신봉한다는 사실을 알게 되었고, 그때부터 계속 아내에게 위 종교를 믿지 말라고 말렸는데, 아내는 계속 그 교회에 다니겠다고 고집하여, 이에 따른 부부싸움이 자주 있었다. 남편은 특히 아내가 저녁시간에 아이들을 데리고 종교집회에 참석하는 것을 싫어하여, 이를 막기 위하여 아내와 아이들은 집에서 나가지 못하게 막은 적도 여러 번 있었다.

교회를 이유로 가정을 소홀히 하는 것은 예수를 잘못 믿는 것이다. 성경에도 '네 양 떼의 형편을 부지런히 살피며 네 소떼에 마음을 두라.'라고 한다. 조물주는 결혼을 통하여 나에게 맡겨진 가족

들을 잘 돌보라고 하였지 가정과 가족을 소홀히 하라고 가르치지
않았다.

아내를 종교적으로 핍박하는 남편이 도리어 믿음 있는 아내
의 행동을 보고 아내가 믿는 하나님을 자신도 믿고 싶다는 고백
을 할 수 있도록 처신했어야 한다. 그것을 해결하는 것은 원수
까지도 용납하는 사랑밖에는 없다. 가정 내 신앙문제와 관련하
여 부부들이 가정에서 함께 가정예배를 드릴 수 있다면 절반 이
상은 성공한 것이다. 아내의 귓신은 울리는 남편의 힘친 찬송과
기도 소리는 가정을 든든하게 받치는 기둥이다. 이런 날이 오기
까지 믿는 자가 씨 뿌리며 기다려야 한다. 사뮈엘 베케트(Samuel
Beckett)의 희곡에서 인간이 50년을 기다려도 '고도'(Godot)는 오
지 않지만 이 경우는 다르다. 믿는 자의 기도와 기다림은 언젠가
는 반드시 역사하리라.

남편의 반성문

결혼생활을 하다 보면 배우자 일방 또는 쌍방이 가야 할 정상적인 길을 벗어나는 경우가 생기게 된다. 이럴 때 잘못된 행동을 한 배우자에게 시정을 요구하면서 각서 쓰기를 강요하거나 잘못한 배우자가 스스로 각서를 쓰는 경우도 종종 보게 된다. 수많은 시행착오를 거치면서 안정된 형태를 잡아가는 것이 우리 결혼생활이다.

결혼과 같은 신분계약이 아닌 일반적인 계약관계인 근로계약의 경우를 한 번 생각해 보자. 근로자가 어떤 의무를 위반하여 회사에

물의를 일으켰다고 하자. 이 경우 회사는 경위서를 요구하게 된다. 경위서에는 그간의 경과뿐만 아니라 재발 방지를 위한 근로자 본인의 각오가 서면화되는 것이 보통이다. 만일 이 문제로 해고를 당하게 되어 근로자가 소송을 제기하여 법정으로까지 가게 되었을 때 경위서는 회사 측에서 근로자의 잘못을 증빙하는 자료로 활용될 것이다.

혼인 중에 일방적으로 한 배우자만 각서를 자주 쓰는 경우가 있다. 이럴 때 향후 법적으로 문제가 일어나면 자신이 불리해질지도 모른다는 불안감을 갖게 하고, 더불어 비참한 생각까지 들게 할 것이다. 가정은 사랑과 화합과 용서가 있는 곳이지 누구를 징계하고 배척시키기 위한 곳이 아니기 때문이다.

혼인생활 중에 쓰게 되는 각서는 상대를 혼내거나 뉘우치게 하기 위한 수단으로 작성되는 것에서부터 이혼이나 재산분할 등 소송에서 증거로 활용하기 위해 작성되는 경우 등 다양하다.

또한, 각서는 그 내용이 터무니없이 가혹한 것도 문제가 된다. 주로 외박, 불륜, 폭력이 원인이 되어 남편들이 아내에게 각서를 쓰는 것이 일반적이며 내용은 고액의 위자료지급, 재산분할의 포기, 부동산을 포함한 남편의 재산을 이전해 줌으로써 결혼생활의 잘못을 금전으로 보상해 주는 것이 각서의 주요한 내용이다.

그러나 각서를 쓰는 것은 문제해결에 크게 도움이 안 될 뿐 아니라, 관계를 악화시켜 결혼생활의 종착역으로 달리게 하는 경우가 많다. 지금 이 시각에도 각 가정에서 쓰이고 있을 수많은 각서에도 그토록 많은 이혼은 왜 생겨나는가를 반문해 보라. 이혼할 때 부부들은 어떤 각서를 쓰고 있는지 살펴보자.

— (판례사례 1) 남편은 아내에게 이후로는 아내가 인정하지 않는 외박을 하지 않고, 어떤 상황에서도 또다시 물건을 던지거나 폭력을 행사하지 않을 것이며, 이를 위반할 경우 위자료 2억 원을 지급하고 아내의 뜻에 따르기로 한다는 취지가 기재된 각서를 작성 교부하였다.

— (판례사례 2) 아내는 남편을 고소하였다가 고소를 취하하면서 남편으로부터 다시는 폭력을 행사하지 않고, 육某와 헤어지겠다는 취지의 각서를 받았다.

— (판례사례 3) 남편은 이전에 발생한 모든 불미스러운 사실에 대하여 일체 청구하고, 법적인 책임과 재산분할을 요구하지 않는다는 각서를 작성해 주었다.

— (판례사례 4) 남편은 앞으로 다시는 부정한 행위를 하지 않겠고 만일 이를 어기면 이 사건 부동산을 아내에게 이전해 주겠으며, 만일 이혼단계에 도달하면 남편이 가진 모든 재산을 아내에게 양도하겠다는 내용의 합의각서를 작성해주고, 아내로부터 용서를 받은 바 있는 사실을 인정할 수 있다.

손뼉소리도 양손이 마주쳐야 생기듯이 혼인 중 발생하는 잘못은 어느 일방에만 있는 것은 아닐 것이므로 배우자 일방에게 각서를 강요하는 것은 바람직스럽지 못하다. 차라리 각서를 쓰는 것보다는 서로 무엇을 삼가고 고치도록 하자는 '상호합의서'를 작성하는 편은 어떨까.

결론적으로 각서는 배우자를 변화시키는 좋은 방법은 못 되며 다른 목적으로 악용될 가능성이 내포된 징계수단으로 볼 수 있다. 하지만 정작 혼인 중에 작성된 각서는 법정에서 증거자료로 인정받지 못하는 경우가 많다. 원래 가정 안에서의 남녀의 감정이란 장난스럽고 변덕스러운 것이어서 그런 상태에서 작성된 각서의 진정한 효력을 인정하기 어렵다. 그뿐만 아니라 각서를 부정하는 일들이 종종 발생하여 기존에 작성되었던 각서의 효력이 유지되지 못하는 경우도 많기 때문이다.

타인의 강요로 반성문을 쓰는 가장이 좋은 가정을 만들 수 있다고 믿어지지 않는다. 한 가정에서 가장의 자존감이 떨어져서 가정을 운영해 나갈 수 있을까 하는 염려가 앞선다. 글로 반성문을 작성한다고 하여 삶이 바뀌는 것이 아니다.

아담의 갈비뼈로 여자를 만든 이유

"**양말** 좀 제발 뒤집어 놓지 마세요.", "변기에 물 좀 잘 내려요.", 빨래를 개면서, 화장실 청소를 하면서 아내들이 남편을 향해 던지는 말이다.

부부는 함께 살면서 서로에게 도움이 되어야 한다. 돕지는 못할망정 계속 뒷손이 필요한 일을 벌이고 다녀 짜증을 나게 한다면 곤란하다. 이불을 개는 것, 집으로 돌아와서 씻는 문제, 칫솔질하고 나서 물로 입안을 헹구는 소리, 치약 짜는 습관, 화장실 사용 후 불 끄기, 듣기 거북한 상스런 말투와 농담 등 배우자가 나의 이런 행동으로 힘들어하기도 한다.

아내가 가사 일이 힘들어 도움을 요청하면 마땅히 도와야 한다. 이럴 땐 아내를 가장 소중한 고객으로 생각하고 그 고객이 지금 협조를 요청한다고 생각하는 것이 좋다. 내가 몸을 좀 더 부지런히 움직여서 가정이 편해질 수 있다면 체면을 차리지 말고 적극적으로 도와야 한다.

아내가 집에서 가사 일만 하는 경우는 점차 줄어들고 있다. 가사를 하면서 직장일을 가지거나 부업을 하는 경우가 많아지고 있다. 그만큼 살기가 어려운 세상이 되었기에 남편이 아내의 가사를 돕는 것은 당연하다.

그러면 현실적으로 남편이 가사를 돕는 데에는 한계가 있다. 빨래, 설거지, 욕실과 베란다 청소, 옷장정리와 같은 가사도 마찬가지다. 설령 남편이 도와준다고 하더라도 아내와 비교하여 책임감이 약하며 돕는 시간도 짧다.

그러면 남편들은 육아에는 도움이 되는가. 한마디로 아니라고 말할 수 있다. 남편 대부분은 아이들과 잘 놀아 줄지 모른다. 더군다나 아이에 대한 일차적인 욕구에 해당하는 밥 먹이기와 대소변 받아주기, 옷 갈아입히기, 여자아이의 머리를 손질하는 데에도 서투르고 설령 한다고 해도 건성으로 한다. 그러다 보니 육아에서도 남편이 도와주는 데는 한계가 있다.

남편들이 퇴근하여 집에 돌아와 가사와 육아에 대하여 전혀 남의 일처럼 손 하나 까딱하지 않고 혼자 쉴 생각만 한다면 아내의 눈에는 얼마나 실망스럽게 보일까? 최근에 결혼파업이라는 말을 자주 듣게 되는데 혼인 적령의 여자들이 결혼하지 않으려는 이유는 결혼을 해보아야 힘만 들고 자신들에게 도움이 안 된다고 생각하기 때문이다.

남성 본위의 가부장 교육을 받은 40대 이후의 남편들은 살기 위해서라도 이제는 변해야 한다. 남자가 부엌에 들어가 밥을 짓거나, 반찬을 만드는 일은 있을 수 없는 일이며, 심지어 설거지하는 일을 무언가 잘못된 것으로 보아서는 곤란하다. 아내들은 계속해서 일의 분담을 요구하고 협조가 안 되면 남편과 자주 다투기도 한다.

요즘은 시대가 변해서 그런지 몰라도 젊은 남편들은 아내와 함께 부엌에서 반찬을 만들고, 설거지하는 일을 대수롭지 않은 일로 여긴다. 맞벌이가 늘어나면서 아내가 직장생활도 하고 가사와 양육도 해서 아내가 지나친 과로로 혹사당하는 일이 문제가 되고 있다.

맞벌이하게 되면 수입도 좋아지고 그만큼 여유도 생겨 부부들이 더 많은 시간을 가질 수 있을 것으로 생각하지만, 결과는 정반대다. 맞벌이 부부는 남편이 가사나 육아를 돕지 않기 때문에 아내가 직장일과 집안일 두 가지 일을 하게 되는 결과 오히려 부부가 얼굴을 맞대고 있을 시간적인 여유가 줄어든다.

남편이 가사를 돕는 일을 등한시하는 문제로 부부관계가 금이 가고 무너지는 경우가 많다. 오늘날에는 이러한 현실을 반영이라도 하듯 이혼 때문에 재산분할을 할 때 아내에게 5 : 5 이상의 분할비율을 인정해야 한다는 주장들이 있고 실제로 그런 판결이 내려지고 있다.

가사와 육아에 대한 남편의 배려는 오늘날 부부들에게는 없어서는 안 되는 꼭 필요한 일이 되었다. 남편들이 이 부분을 일부라도 책임져 주지 않으면 부부들은 행복해 질 수 없다. 지혜로운 남편은 아내들의 고충을 이해라도 하듯이 월 1회나 일 년에 1주일 이상의 휴가를 주기도 한다. 물론 휴가기간 중 살림을 살고, 아이를 돌보는 일은 남편이 알아서 해야 한다. 요즘은 남편들이 아내가 밥을 하고 나면 설거지를 하고, 빨래를 하고 나면 빨래를 개기도 한다. 그것도 아니라면 남편들은 퇴근하여 아이들에게 공부를 가르치거나 놀아주는 역할을 하기도 한다. 아내들은 남편들이 아이들과 함께 시간을 보내며 놀아줄 때 신뢰를 느낀다. 가정 내의 역할분담 또는 협조가 안 되면 가정은 삐걱거리면서 넘어지게 된다.

— (판례사례 1) 아내는 가정의 행복과 가족들의 생계유지를 위하여 나름대로 애쓰지만, 남편은 가정생활을 소홀히 한 채 여러 차례 직업을 바꾸면서도 가정의 생활비나 양육비 지급에 별다른 관심을 기울이지 아니하였고, 간혹 타일가게나 헬스클럽 등의 일을 할 때에도 영업보다는 다른 사람들과 어울려 노는 일에 더 많은 관심을 기울였다.

— (판례사례 2) 남편은 식탁에서 술을 마시고 있었는데, 아내로부터 심하게 우는 아이들을 보아달라는 부탁을 받고도 이에 제대로 응하지 않았다. 남편은 아내와 심하게 다투게 되자 주먹으로 텔레비전을 때려 파손하였고, 아내는 아이를 데리고 집을 나가 언니 집으로 갔다.

— (판례사례 3) 2층 주택에 입주한 날로부터 남편은 아내가 방앗간 일을 돕지 않고 외출이 잦고 제때에 식사를 차려주지 않는다는 이유로 아내를 나무라면서 부부간의 갈등이 시작되었고 남편은 아내에게 다른 남자가 있다고 의심하여 밖에 나가지 못하게 하고 아내는 이에 저항하면서 다툼이 격화되어 원고가 피고의 폭행을 피해 3~4개월 집을 나가 있기도 하였다.

배우자는 상대방 배우자의 부족한 점을 채워주는 돕는 배필이다. 창조주는 아담의 갈비뼈로 이브를 만드셨다. 아담의 머리뼈로 이브를 만들어 아내가 남편을 지배하게 하거나 아담의 발에 붙은 뼈로 이브를 만들어 남편이 아내를 지배하기를 원하지 않으셨다. 아담의 가슴에 붙은 갈비뼈로 이브를 만드신 것은 부부가 서로 존중하고 아끼며 협조하여 아름다운 가정을 만들어 가라는 의미가 있다.

> 이불홑청을 꿰매면서
> 속옷 빨래를 하면서
> 나는 부끄러움의 가슴을 친다
> 똑같이 공장에서 돌아와 자정이 넘도록
> 설거지에 방청소에 고추장단지 뚜껑까지
> 마무리하는 아내에게
>
> 나는 그저 밥 달라 물 달라 옷 달라 시켰었다
> 동료들과 노조 일을 하고부터
> 거만하고 전제적인 기업주의 짓거리가
> 대접받는 남편의 이름으로
> 아내에게 자행되고 있음을 아프게 직시한다
>
> (박노해, '이불을 꿰매면서' 중에서)

아내가 일 나가고 없는 날 이불홑청을 꿰매면서 느낀 점을 시로 옮긴 것이다. 사람은 다 똑같이 존중받아야 하는 존재다. 아내 역시 예외가 아니다. 우리 가정에서는 가부장의 이름으로 이런 혹사가 아내에게 자행되고 있지는 않은지 한 번 반성해 볼 일이다.

사랑이 식을 때 보이는 것들

퇴근 무렵 아내가 끓인 찌개의 된장찌개와 어린 것들이 아빠가 돌아오기를 기다리는 집으로 가기 위해 허둥대며 차를 잡아타던 당신의 아름다운 귀가는 지금도 이어지고 있는가? 그게 아니라면 그건 무슨 이유에서인가.

결혼하면 각 가정의 사정에 따라 부부와 자녀만 사는 예도 있고 때에 따라서는 시부모나 처가 어른을 모시고 함께 사는 예도 있다. 어느 경우든 여러 사람이 함께 생활하는 공동체가 형성된다. 결혼한 이후에도 처녀·총각시절 연애할 때처럼 각자의 개인적인

생활을 주장하게 된다면 결혼의 본질을 잘 모르는 처사다. 한마디로 정의하면 결혼은 공동생활이며 그에 따른 나름대로 규칙이 있다. 그래서 부부는 서로의 개별성만을 주장할 것이 아니라 부부 사이에 공통분모를 많이 만들어 갈수록 원만한 결혼생활을 할 수 있다.

여러 사람이 함께 생활하는 공동생활에서 늦은 귀가와 외박을 일삼는다든지, 가정에서 가사와 육아에 전혀 도움을 주지 못한다면 문제가 생긴다. 식구들이 함께 보내야 할 휴일 시간에 개인적인 취미생활에 몰두하거나 상대배우자가 싫어하는 행동을 하는 것은 부부관계를 악화시키는 결과를 가져오게 될 것은 뻔한 이치다. 먼저 결혼이 시작되면 자신의 개별성보다는 가족공동체의 삶을 위해 보조를 맞추는 아량이 있어야 한다. 결혼이 공동생활이라는 전제하에 먼저 강조하고 싶은 것은 늦은 귀가와 외박은 부부 갈등의 전초전이 된다.

우리사회에서 일찍 집에 들어가는 것이 문제가 되어 이혼하는 부부는 한 쌍도 보지 못했다. 대다수의 이혼사례가 배우자의 늦은 귀가와 잦은 외박이다. 서로 관심과 사랑이 남아 있다면 아무런 사정도 이야기하지 않고 집에 늦게 귀가하거나 외박을 하지 않는다. 그러므로 이런 현상은 사랑이 식었다는 이야기가 된다. 아니면 이들 부부보다 더 중요한 무슨 방해꾼이라도 생겼다든지 하는 경우가 될 것이다.

세월이 가면서 남편과 아내를 향한 사랑이 식더라도 몸부림이라도 쳐서 좋은 시절로 돌이켜야 하지 않는가. 내가 따뜻해지지 않고서 어찌 상대를 따뜻하게 데울 수 있을까. 내가 따뜻해지기 위해서는 나 자신을 한데로 내놓고 내가 더 많이 떨어야 한다. 나의 희생과 헌신이 필요하다.

> 한 점 온기를 전하기 위해 덜컹거렸을 유리창은
> 가장 먼저 데워지기 위해 그 야윈 몸 한쪽을
> 한데로 내놓고 밤새 기다렸던 것이다
> 그리곤 반짝, 아침햇살 머금기 시작했을 것이다
> 온몸으로 퍼져가는 조용한 온기를 느끼며
> 누군가를 위해서는 먼저 스스로가 따뜻해져야 한다는 걸,
> 바람에 덜컹거리는 시간을 견디고 때로는
> 밤새 안데다 몸을 내놓기도 해야 한다는 걸,
> 그런 날이 무수히 지나고서야
> 내 손가락이 유리에 닿은 이 아침의 우연처럼
> 비로소 한 사람 데울 수 있다는 걸 알았다
>
> (오창렬, '서로 따뜻하다' 중에서)

살다 보면 집을 나가 돈을 번다는 핑계로 늦게 귀가하거나 외박을 하는 경우를 볼 수 있다. 특히 남편들의 경우 때로는 불륜이나 도박에 빠져 늦게 귀가하거나 외박을 일삼는 것을 종종 보게 된다. 어떤 이유에서든 늦은 귀가와 외박은 결혼생활을 병들게 한다.

— (판례사례 1) 가정에 충실하라는 남편의 만류에도 호프집을 운영하면서
수시로 새벽에 귀가하였고, 남편에게 아무런 말도 없이 외박하기도
하였는데, 이에 화가 난 남편은 아내에게 입에 담을 수 없는 욕설을
하곤 하였고, 급기야 아내의 호프집으로 찾아가 손님들에게 시비를
걸고 아내에게 욕설을 하였으며, 술에 취해 아내와 몸싸움을 벌이
면서 행패를 부리는 등 부부 사이에 다툼이 끊이지 않게 되었다.

— (판례사례 2) 남편이 생활비를 부족하게 주어 경제적으로 어려운 생활을 하게 되자, 부부는 자주 다투게 되었다. 그러던 중 아내는 생활비를 벌기 위하여 친구가 경영하는 레스토랑에서 일하기 시작하였는데, 그 이후 술에 취하여 늦게 귀가하는 때가 많아졌고, 때로는 새벽에도 귀가하는 일이 잦아지면서 점차 가정에도 소홀하게 되었다.

— (판례사례 3) 부부는 혼인 전부터 모두 직장생활을 하여왔고, 아내의 휴무일은 토요일인 반면, 남편의 휴무일은 일요일이어서 함께 보낼 시간이 적었는데, 남편의 잦은 술자리와 늦은 귀가 문제 또는 휴일이 일치하는 날 다른 약속을 하지 않고 시간을 보내는 문제 등으로 다투다가 혼인한 뒤 1달 만에 각방을 사용하기도 하였다.

부부관계의 이상징후는 늦은 귀가시간과 외박을 통해 나타난다. 늦은 귀가나 외박의 원인은 다양하나 주로 음주, 도박, 야근 등 직업상의 이유와 불륜 등이 원인이 될 경우 문제를 일으킨다.

위의 이혼사례에서 보는 바와 같이 남편이 아닌 아내 쪽에서 생업 등을 이유로 늦은 귀가와 외박을 반복할 경우 그 가정은 유지되기가 대단히 어렵다는 것이다. 아내의 늦은 귀가는 점차 가족과 가사에 대한 소홀이라는 결과를 가져온다. 사람들은 귀신처럼 이런 상황을 알아차린다.

여성이 직장을 가지는 것은 별거나 이혼과 밀접한 관련이 있다는 것이 역사적으로 입증된다. 서구도 1950년대 이후, 우리나라는 근대화가 시작된 1960년대 이후 비록 저임금이긴 하더라도 여성이 직업을 가지는 비율이 이전 시대보다 폭발적으로 늘어나게 되었다.

경제적인 대책이 없으면 결혼생활에 만족하지 못하더라도 별거나 이혼을 할 수 없었다. 하지만 여성이 경제적인 능력을 갖추면 남자 배우자에게 쉽게 별거나 이혼을 하자고 말할 수 있게 된다. 이 경우 남자로서도 자신에 대한 아내의 재정적인 의존도가 낮아짐을 기회로 하여 이혼 이야기를 꺼내도 부담이 줄어들게 된다. 부부관계가 좋지 못하면 여성이 직업을 가지는 것은 이혼을 촉진하는 요인으로 작용해 왔다.

동서양을 불문하고 전통적으로는 남편은 집을 나가 돈을 벌고 아내는 가정을 돌보는 역할 분담이 있었는데 오늘날에는 이러한 역할분담이 제대로 되지 못하는 세상이 되었다. 아내나 남편이나 모두 집을 나와서 경제적인 수입을 얻기 위한 일에 종사하게 되었기 때문에 집에서 가사와 육아를 담당할 사람이 없게 되었다. 이러한 상황에서 남편이 옛날처럼 육아를 포함한 가사를 분담하지 않은 채 아내에게만 집안일을 하라고 요구할 경우 아내는 집안일과 직장일 때문에 혹사당하고 결혼생활은 위기에 봉착한다.

남편은 아내의 직장생활에 대하여 아내의 독립성과 정체성을 위해 적극 조력해야 한다. 이에 대한 화답으로 아내 역시 자기 일을 통하여 자아를 완성하여 더욱 활기찬 결혼생활을 만들어 나가는 기회로 활용해야 한다. 따라서 가정과 일과의 사이에 적정한 균형을 지키고 가정을 위해서는 직장생활에서도 일정한 한계가 있을 수 있다는 마음자세를 가져야 한다.

직장을 가진 아내는 집을 나와 자유롭게 생활한다고 해서 마음대로 이성을 만나며 방만한 생활을 해도 좋다는 것은 아닐 것이다. 이것이 직업을 가진 아내가 처신에 있어 특히 신경을 써야 하는 부분이다.

부부 사이에 문제가 생겼다면 그 문제를 해결하려 들어야지 회피하는 태도로 일관한다는 것은 곤란하다. 이 핑계 저 핑계를 대며 괴롭다고 술을 퍼마시거나 남몰래 세컨드와의 은밀한 시간을 즐기느라 시간 가는 줄 모르거나 외박을 한다면 부부 사이는 걷잡을 수 없이 악화가 될 것이다.

서로 그리워하여 죽자사자 붙어살자며 결혼까지 하게 만든 둘 만의 사랑은 대체 어디로 갔는가? 힘들고 지쳐 쓰러질 때 힘이 되어주고 공허하던 세상을 그 사람으로 한없이 충만한 곳으로 만들었던 그 사랑의 힘은 다 어디로 갔는가? 결혼은 함께하는 것이다. 아름다운 동행이다. 솔로가 아닌 둘이서 부르는 아름다운 합창이다.

부부는 같은 리듬을 타야 한다

가족들과 엇박자로 사는 배
우자들이 있다. 특히 이런 현상은 남편에게서 더 많이 발견된다. 결
혼은 공동생활이라는 점을 말했듯이 나 홀로 국밥이 아니라 가족들
과 함께 같은 리듬을 타야 함은 말할 필요가 없다.

가족들이 다 잠든 자정을 넘긴 시간에 혼자 대낮같이 전깃불을 밝
혀 놓고 컴퓨터를 하며 부스럭거려서 식구들 잠을 깨우거나 늦은 시
간까지 축구나 야구 같은 스포츠 프로그램을 시청하여 잠을 못 자겠
다고 불평하는 아내와 다투는 경우를 볼 수 있다. 한참 잠에 곯아떨

어져 있는 새벽시간에 아내를 깨워 섹스를 요구하는 때도 있다. 이처럼 한 지붕 밑에서 함께 생활하고 있음에도 삶의 리듬을 서로 맞추지 못하고 각자 좋을 대로 행하면서 여기서 오는 갈등 탓에 힘들어하는 부부들이 많다.

남편들이 혼자 즐기는 취미생활은 문제가 되기도 한다. 남편이 낚시에 빠지거나 사진에 빠질 경우 주말이면 새벽에 가방을 둘러메고 혼자 집을 나가 전국을 누비고 다닌다. 이럴 때 아내가 남편과 같은 취미를 가지고 함께 취미활동을 하게 된다면 더 바랄 것이 없을 것이다. 그렇지 못하면 아내들은 바람 같은 남편들 때문에 생활의 리듬이 깨어지고 홀로 지내는 시간이 많아지게 되어 우울해지거나 가정불화로 이어지게 된다. 총각으로 그냥 살지 왜 결혼은 하여 아내를 독수공방 신세로 만드는지 알 수가 없다. 결혼이 무엇인지 하는 기초적인 것을 망각한 것이다. 연애할 때와 결혼생활을 할 때의 차이를 모르고 자기 위주로 행동하는 배우자와 살아간다는 일은 고역 중의 고역이다.

— (판례사례 1) 늦은 시간까지 컴퓨터를 하다가 잠을 자는 아내를 깨워 성관계를 요구하기도 하였고, 아내가 이를 거부하자 다툼이 되었으며 그 과정에서 남편은 마치 아내가 다른 남자와 불륜행위를 하는 것과 같은 취지의 말을 하며 욕설을 하거나 식탁의자를 방문에 던지기도 하는 등 폭력적으로 행동하기도 하였다.
— (판례사례 2) 남편은 혼인 초부터 평일에는 직장에서 늦게 귀가하고 주말에는 사진을 찍기 위해 자주 여행을 다니느라 가정에 소홀하였다. 대학에 편입학한 후에는 같은 학교에 다니는 직장동료, 여직원 등 다른 사람들을 매일 남편의 차에 태우고 통학하였다. 이에 불만스럽게 여

긴 아내가 남편에게 항의하면서 부부는 자주 말다툼을 하였고, 그에 따라 부부의 관계는 점차 멀어졌다.

부부갈등의 원인을 들여다 보면 대단한 것들이 아닌 사소한 일들 때문에 결혼생활에 균열이 생기는 것을 알 수 있다. 앞의 사례처럼 집안에서의 행동, 취미, 눈치 정도에 해당하는 사소한 일들에 관한 것이다. 부부가 이런 일로 시간과 정력을 낭비한다는 것은 한 번 생각해 볼 일이다. 부부라고 한다면 모름지기 어려움도 함께 넘으면서 서로의 눈빛만 보아도 상대가 무엇을 원하는지 알 수 있는 사이가 되어야 한다.

남자와 여자가 만나 결혼하여 살면 두 사람 사이에는 사랑이 강물처럼 흘러야 한다. 누구는 이를 두고 서로 닮아 간다고 이야기하기도 하고 텔레파시가 잘 통한다고 말하기도 한다. 배우자 일방이 슬프면 함께 슬퍼지고 배우자 다른 일방이 기뻐하면 함께 기뻐하게 되는 것은 자연스러운 일이다. 부부는 서로 다투고 대립하기보다는 닮아가고 서로 이해해 주는 사람들이기 때문이다. 그렇게 되기 위해서는 함께 리듬을 타야 함은 두말할 필요가 없다. 식구들과 함께 잘 시간에 자고 아침에 함께 일어나 밥상에 마주 앉아 이야기하며 식사하라. 주말에는 감히 자기 혼자 즐길 취미를 만들어 배우자를 독수공방시키지 마라. 그리고 직장 여직원을 매일같이 자기 차에 태우고 다니면 좋아할 여자가 어디에 있겠는가. 함께하고 조금도 틈을 두지 마라. 이 틈새 사이에 별의별 것들이 다 밀려들어 가 그대들의 사이를 벌려 놓을 것이다.

그대들은 결혼을 시작하면서 죽음이 서로 갈라놓을 때까지 아무

것도 갈라놓지 못하게 하겠다고 호언장담을 하며 많은 사람 앞에서 맹세하지 않았는가? 부부는 따로국밥이 아니다. 우리나라에서는 금실 좋은 부부를 상징할 때 원앙을 떠올린다. 시간이 나면 한 번 물가로 나가 보아라. 유유히 물살을 가르며 함께 나란히 물질을 하는 원앙의 모습을 보라. 날이 춥든 바람이 불든 일기가 어떻더라도 잠잠히 함께 동행해 주는 원앙부부의 모습에서 진정한 부부의 모습을 보고 배우라.

부부는 만나서 또 다른
큰 하나가 되는 존재들

결혼은 다른 성장배경을 가진 두 남녀가 만나 부부가 되는 것이다. 이를 연합하였다고도 표현하고 둘이 하나가 되었다고도 표현한다. 그런데 합하기 전의 각자의 개별성을 지나치게 주장하게 된다면 두 사람의 관계는 깨어질 수밖에 없다.

부부관계가 악화하면 상대배우자를 고립시키며 '너는 너, 나는 나'라고 하면서 결혼생활의 본질을 망각하고 이기적으로 행동하며 상대방에게 상처를 주게 된다. 부부는 동거하고 협조하고 부양해야 한다는 결혼의 본질을 잊어버린다. 일이 이쯤 되면 각자 방을 사용하고 잠도 따로 잔다. 말로만 부부 동거지 실상은 동거가 아니다. 자신의 방에 문을 걸어 잠그고 배우자와 가족들이 출입하지 못하게 하며 나아가 자신의 물건에는 손도 대지 못하게 하고 식사도 함께하지 않는다. 부부라는 껍데기만 있을 뿐, 부부에게 있어야 할 공통분모를 만들어 가는 데 실패한 경우다.

'나와 나의 것'이라는 생각은 결혼생활에서 분쟁의 씨앗이 된다. 왜 이런 일들이 생겨날까? 여기에는 몇 가지 중요한 이유가 있다. 그것은 먼저 남녀가 가지는 욕구의 차이를 이해하지 못하여 서로 충족시켜 주고 포용해 주지 못하기 때문에 생긴다. 부부는 서로의 욕구를 충족시켜 주는 방법을 공부해 둘 필요가 있다. 다른 하나는 인간존재의 불완전성 때문이다. 사람들은 실수할 수 있으며 그것이 당연하다. 그런데 잘못을 따지고 서로가 옳다고 주장하며 매사에 대립하면 결국 각자 제 갈 길로 가게 될 수밖에 없다. 상대방의 입장을 배려할 때 상대를 비난하는 자리에서 빠져나올 수 있다.

부부는 서로 각자가 아닌 강력한 하나가 되어야 한다. 부부의 강점은 둘이 아닌 하나가 됨으로써 진정한 면모를 나타낸다. 부부의 본질에 관하여 좀 더 자세히 들여다 보면 결혼이 무엇인지 부부는 어떠한 마음을 가지고 행동하여야 하는지를 알 수가 있다. 부부는 분열되고 갈등 짓는 2개가 아니라 마치 하나처럼 속속들이 잘 아는 강력한 하나가 되기를 소망해야 한다. 거기서 힘이 나온다. 양경분의 시에는 이러한 부부의 갈등을 겪어 본 사람의 경험적인 입장에서 부부가 무엇인지를 잘 대변해 주고 있다. 그의 시에서 노래한 바처럼 부부는 만나서 또 다른 큰 하나가 되는 그런 존재인지도 모른다.

하나 더하기 하나는 둘이 아니다
하나 더하기 하나는 더 큰 하나다

두 개의 물방울이 하나가 되듯

하나와 또 다른 하나가 모여

온전한 하나가 된다

하나가 한 점을 향해 달리는 것은

무한을 관통하는 푸르른 길

고독한 공간을 떠도는

자유로운 길이다, 나는 나는

당신과 하나이기를 소망한다

두 개의 태양이 있을 수 없듯

두 개의 심장이 있을 수 없듯

오직 푸르른 하나이기를 원한다

(양경분, '하나로 가는 길', 전편)

살다 보면 설령 상대방 배우자가 이치에 맞지 않는 일을 하더라도 모르는 체하고 차라리 응해주는 것도 가끔 필요할 때가 있다. 사람관계에서 이러한 태도는 고차원적인 대응방법의 하나다. 상대방이 시기, 질투, 분쟁을 가지고 나오더라도 내가 그런 자세를 버린 초연한 자세로 나오면 다툼은 소멸하여 버리고 더는 다툴 수 없게 되는 경우가 많다. 그것이 부부 사이에 서로를 향해 가져야 할 너그러움이다. 그렇게 되면 상대방도 양심이 있어 불편부당한 일을 계속할 수 없게 된다.

다음 사례에서 보는 것처럼 부부가 동거하면서 자신의 방과 자신의 물건을 주장하고, 자신의 방문을 잠그고 다른 식구들의 출입을 제한하는 일은 있을 수 없다. 문을 잠그는 경우 문만 잠그게 되는 것이 아니라 상대방과 마음의 문을 닫게 된다.

— (판례사례 1) 남편은 자신의 물건이 없어졌다며 소란을 피운 후 작은 방을 아예 잠그고 다니면서 식구들이 작은 방에 출입하는 것을 금지하였다.

— (판례사례 2) 아내는 약 1년간 가사도우미 아줌마를 사용하였지만, 온종일 아이들을 돌보는 일이 힘이 들자, 밤 9시가 되면 피곤하다는 이유로 아이들을 데리고 안방으로 들어가 문을 잠그고 자면서 남편을 들어오지 못하게 하였다.

— (판례사례 3) 아내 역시 식사를 챙겨주지 않고 빨래를 해주지 않으며 집의 사소한 물품사용조차 아내의 물품을 손댄다는 이유로 제지하는 등 남편으로 대우하지 않았고 남편이 무릎 수술을 받는데도 간병하거나 병문안을 가지 않았다.

왜 이렇게 삭막한 세상이 되었을까? 필자는 우리나라 주거형태의 변화가 많은 기여를 한 것으로 본다. 옛날에는 방 하나에 온 식구들이 모여 함께 잠을 잘 때는 불편한 점도 있었지만, 사람들 사이에는 끈끈한 정이 있었다. 하지만 아파트 문화는 가족 내에서 세대와 세대의 단절뿐만 아니라 이웃의 개념도 없애 버려 사막의 모래알들처럼 개별적인 존재들로 넘쳐나는 세상으로 만들었다. 그래서 혼자라는 생각에 외로움과 고독을 옛날보다는 더 많이 타게 되었다.

부부가 남남으로 서로 만나 아이를 낳고 함께 살아가는 가정이 천국임에 틀림이 없다. 이곳에 삶의 중요한 의미를 두고 가정을 부양하고 일상에서 필요로 하는 힘을 공급받는 원천으로 삼아야 할 것이다. 언젠가 몸이 아파 병원에 입원하여 수술을 기다리면서 서로 지지고 볶으며 살아가던 평범한 가정사의 일상들이 그토록 그리울 수가 없는 때가 있었다. 어서 병을 고쳐 가정으로 돌아가고 싶었다. 그것이 그 당시 나의 유일한 꿈이었다. 가정은 나의 지지자들이 모여 사는 곳이어서 그곳에 가면 내 존재와 가치가 발현되는 곳이기 때문이다. 그런데 이런 가정에서 자신의 개별성을 주장하고 문제를 일으키며 갈등을 만들어 낸다면 도대체 사람들은 지상의 어느 곳에서 안식을 누릴 수 있을 것인가?

우리는 도도하고 유유하게 흐르는 강물처럼 그렇게 살 수는 없는 것일까? 높아지고 고고해지고 싶은 자신의 자아를 버리고 세상의 지극히 낮고 낮은 곳을 향하여 쉴 사이 없이 흘러서 사람들의 시린 가슴을 적셔 줄 수가 없을까. 가정 안에서 내가 귀히게 대김을 받고 누리려고 해서는 안 된다. 가정에서는 섬기는 자가 큰 자다. 남들보다 높아지고 커지기 위해 큰소리를 치는 양심이 죽은 자들은 강가에 나가 강물이 수천 년을 도도히 흐를 수 있었던 이유를 배울 일이다.

> 강물이 그냥 강물이더냐
> 흐를 줄 알아 강물이지
> 다 버리고 흐를 줄 알아 강물이지
> 그림자 하나 남기지 않고
> 남모르게 남모르게 흐를 줄 알아
> 강물이지
> 흐르지 않는 것들 다 와서 봐라
> 그 무엇하나 버리지 않고
> 제 욕심만 챙기는
> 죽은 것들 다 와서 봐라
> 강물이 어찌 강물인지를
>
> (오봉옥, '강물' 중에서)

돈 없이는 살 수 있지만,
자유 없이는 살 수 없다

얼마 전 지인을 암으로 떠나보
낸 일이 있다. 그분이 병상에 있으면서 가장 바라던 바가 살림 사는
일이었다. 된장을 풀고 청양고추를 넣고 이런저런 양념을 하여 국을
끓이고 따뜻한 밥을 먹고 이웃으로 마실 가는 삶을 그렇게도 원했
다. 대단한 것을 바란 것이 아니다. 부자가 되거나 출세하는 것을 원
한 것이 아니었다. 자기 계산으로 재미있게 요모조모 다른 사람들이
하는 대로 하면서 사는 것을 원했다. 하지만 병으로 겨울을 넘기지
못하고 봄의 입구에 와서 쓰러져 죽었다. 살다 보면 살림 사는 평범
한 일상이 어떤 때는 최상의 희망이 되는 시절들이 있다. 아직 그날

이 오지는 않았지만 그날들이 언젠가는 내 곁으로 오게 됨을 알기에 오늘을 감사하며 살아가는 것이다. 자유롭게 살아가는 것, 지나친 억압에 위축되어 우울한 환경에 갇히지 않는 것 그것이 생명이 살기 위한 조건이다. 어떤 고정적인 역할과 이념에 의해 일방적으로 강요당하는 부자유는 삶을 피폐하게 만든다. 그래서 우리가 누구를 사랑한다고 한다면 돈을 많이 벌어다가 주는 것도 중요하지만, 자신을 발현할 수 있도록 더 많은 자유를 주고 상대에게 신뢰와 주는 것이 더 중요하다. 박노해의 '대결'이라는 시는 가정에서 다소 억압받는 아내의 입장을 잘 이해한 시라고 볼 수 있다.

> 인간이란
> 동등하게 손숭하며 일치할 때 안정이 있고
> 민주적이고 평등하게 서로를 받쳐 줄 때
> 큰 힘이 나온다는 걸
> 우리는 체험으로 안다
>
> (박노해, '대결' 중에서)

　　결혼생활을 하면서 돈은 좀 없더라도 살아갈 수 있지만, 자유 없이는 살 수 없다는 말은 어느 누가 한 말인가? 그것은 바로 그동안 많은 세월을 지내오면서 우리의 어머니, 아내들이 가정에서 자신은 남편의 소유가 아니라며 남편들에게 던진 말이다. 남편이 가부장으로 아내와 자녀들에게 왕처럼 군림하고 지시하던 시절은 옛일이 되었다. 만일 세상이 바뀐 지금도 여전히 그런 생각으로 살아가고 있다면 그것은 대단히 위험한 생각이라고 말해주고 싶다. 공산사회가 무너져 내렸듯이 지금은 가부장들이 무너지고 있다.

가부장은 권위와 이기심이 가득 차 있어 아내에 대하여 자신이 보호자라는 명분으로 명령하고 지시하고 복종을 강요하며, 집안의 대소사 일을 아내와 상의하는 것이 아니라 혼자 결정하고 따라와 주기만을 강요한다. 이 경우 배우자는 가부장의 꼭두각시가 되며 심할 경우 정신적으로도 무능한 사람으로 변한다.

일이 이 지경으로 되면 아내로부터 얻을 수 있는 도움을 받을 수 없게 된다. 가부장이 그렇게 안하무인인 이유는 간단하다. 가정질서를 유지하고 가정의 안정을 위해서 자신이 질서를 잡아야 한다는 것이다.

가부장은 일 처리를 하면서 상대방의 의사를 물어보거나 대화를 하지 않으며 일방적으로 자기 뜻을 지시하고 따르기를 강요하며 뜻대로 되지 않을 때에는 고함을 지르고 폭행을 일삼으며 화를 낸다. 이렇게 되면 사랑이 넘쳐야 하는 가정은 지옥이 된다. 여기에 제왕처럼 행동하는 많은 남편의 모습이 그려져 있다.

— (판례사례 1) 남편은 아내가 결혼 후에도 외출하는 것도 자주 반대를 하고 매사에 자신의 의사에 복종하도록 강요하고, 아내가 이에 불만을 표시하면 폭언을 퍼붓고 그 후 상당기간 아내와 대화조차 하지 않는 등 하며 아내를 억압했다. 아내는 혼인기간에 대부분 전업주부로 생활하였고, 생활비는 미술학원을 경영하는 남편으로부터 정기적으로 지급받았으며 때때로 파출부 등을 하기도 하였다.

— (판례사례 2) 남편은 아내가 정해진 귀가시간을 어기거나 행선지를 말하지 않고 외출하면 아내의 행동을 의심하면서 귀가 시 문을 안 열어 주거나 구타하기도 하였고, 그 외에도 사소한 트집을 잡으면서 지속해서 폭언과 폭행을 하여왔다. 남편은 아이들이 자신의 말을 거역하

려 하거나 성적이 저조한 경우 훈육의 명목으로 자, 각목 등을 이용하여 자녀들을 때렸고 큰 아이가 이를 피해 방으로 들어가 방문을 잠그면 쇠망치로 손잡이를 부수고 들어가 망치로 때릴 듯 위협하기도 하였다.

— (판례사례 3) 남편은 아내로 하여금 아내의 친정대소사에는 전혀 참석하지 못하게 할 뿐만 아니라 남편 본인도 10년 동안 처가를 찾아본 적도 없다. 남편은 아내가 이웃에 놀러 가지도 못하게 하였고, 만약 다른 곳에 다녀오면 어떤 남자를 만났느냐고 추궁을 하면서 갖은 폭언과 협박으로 아내를 괴롭히고 폭행을 하곤 했다.

— (판례사례 4) 며칠 후 아내를 앞세우고 은행에 가서 아내 명의로 된 예금을 모두 인출하여 남편의 계좌에 입금하였으며, '아내는 조절능력이 없다.'라고 하면서 전화선을 뽑고 아내와 자녀들과의 통화도 제한하는 등 아내를 괴롭혔다.

— (판례사례 5) 남편은 가부장적 태도로 가족들에게 자신의 권위에 복종할 것을 요구하고 가족들의 뜻을 무시한 채 자신이 원하는 일을 강행했다. 예를 들면 아내의 반대를 무릅쓰고 신학대학에 입학하여 목회를 시작하였고, 생활비가 모자란다는 아내의 하소연에도 골동품 수집을 시작하여 가정경제를 더욱 어렵게 만들었다.

가부장들은 자신의 명령과 지시에 무조건 복종을 강요하며 배우자의 의견을 인정하지 않는다. 자신의 욕구를 일방적으로 채우고 배우자를 무시하며 이렇게 되면 상대방도 말을 걸 수 없게 되어 대화부족을 낳는다. 가부장이 말하는 가정평화는 자신이 유지해 나가는 것이 아니라 배우자와 아이들의 희생으로 유지되어 가는 것이다.

가부장의 횡포는 상대방 배우자에게 낮은 자존감을 심어 준다. 자신을 귀히 여기고 존중하게 되는 자존감은 주변을 밝게 밝히는 등불이다.

아내가 자존감으로 넘칠 때 가정이 밝아진다. 자존감이 낮아지면 배우자의 충고마저 심한 비난으로 받아들이고, 이를 방어하기 위하여 여러 가지 대응을 하게 만들어 결국 부부 사이에 갈등을 초래하게 된다.

가부장의 폐단을 바로잡기 위한 영성훈련이나 부부관계회복 프로그램들에 참석하게 되면 가부장의 폐해를 배울 수 있고 자신의 태도를 반성하는 좋은 기회가 된다.

가부장의식은 결혼의 본질에도 어긋나며 현대 이전의 전근대적 사회에서 흔히 볼 수 있었던 결혼문화의 소산이다. 그것은 잘못된 지배의식이며 사회 문화적 요인에 의해 생성된 전시대의 신념체계로 볼 수 있다.

또한, 가부장의식은 심하면 중독의 하나로 볼 수도 있다. 중독은 우울, 불안, 인격장애 등 정신질환과 연계된 것으로 교정을 요구하는 질병의 하나다. 어떤 남편들은 아내를 무시하고 집안 돈 관리 등 모든 것을 남편 자신이 주관하여 아내를 필요 없는 존재로 만들기도 한다.

권위, 카리스마, 복종, 이러한 단어들은 가정에서는 안 맞는 말들이다. 가정 내에서는 가족 구성원들의 실수를 용납함으로써 그들이 기댈 수 있는 언덕이 되어 줄 때 가장의 자리는 커지게 된다. 특히 아내가 남편을 신뢰하고 따를 수 있도록 한다면 아내에게 잠재된 능력과 사랑이 가장인 남편을 위해 사용되어질 수 있다.

최근에 법무부 주관으로 〈가정헌법 만들기〉라는 행사를 벌여 가정헌법을 잘 만든 가정의 경우 포상하는 것을 본 일이 있다. 가정헌법에서 중요하게 규정되어야 할 부분은 가부장의 권력을 통제하는 권력분립과 가정일을 결정하는 데 있어 가족 구성원의 의사를 충분히 반영하는 민주적인 절차가 될 것이다. 괴테는 파우스트에서 가부장을 악마라고 보았다.

> 소녀에게 이름이 뭐냐고 물었다
> 소녀는 마눙이라고 대답했다
> 그럼 나이는?
> 한 번도 알려고 하지 않았어요
> 너의 아버지는 어떤 사람이지?
> 그 큰 악마는 벌써 죽었어요
>
> (괴테, '파우스트' 중에서)

파우스트에 나오는 마눙의 아버지도 지독한 가부장이었던 모양이다. 가부장의 폐단 탓에 우리의 어머니, 할머니들은 사람 취급을 받지 못하는 시절을 보내며 살아왔다. 그것이 당시 여자들의 삶이었다. 여자에게는 삼종지도(三從之道)가 있었다. 여자는 태어나 친정아버지를 따라 살다가 시집가서는 남편 말에 순종하고 남편과 사별한 뒤에는 자식을 따라 순종하며 사는 것이 여자의 일생이라는 말이다. 오봉옥의 시에서는 할머니의 생을 통해 가부장에게 복종하며 사는 것을 당연한 것으로 여기는 우리사회 여성들의 일그러진 모습을 읽을 수 있어 가슴 아프다.

> 할머니는 쌍것이었다. 죽어도 쌍것이었다
> 논이 되어 밭이 되어 허리 구부리고 살았을 뿐
> 시집은 시집이어서 하자는 대로
> 살림은 살림이어서 하자는 대로
> 절대로 쌍것인 갑다. 여자인 갑다 했을 뿐
> "그건 안 되겠어라우." 한마디 못하셨다

하긴 전쟁터에 지아비 보낼 때도

곧 오마하는 소리 들었을 뿐

감히 나가볼 생각 못했다

하긴 혼자되어 깔 비고 손 비고

똥 장군까지 질 때에도

감히 재가는 꿈도 꾸지 못했다

할머니는 여자였다 죽어도 여자였다

하나 있는 손녀 시집가는 길 위에서

오늘도 "남편 말에 복종 잘하고…." 하신다

두 번 세 번 눈물 찍으며 당부하신다

(오봉옥, '할머니', 전편)

　남편인 나를 잘 알고 관찰해서 온전한 사람으로 이끌어 줄 사람은
다름 아닌 아내들이다. 그들은 종생토록 함께 걸어가야 할 운명을 가
진 사람이기 때문이다. 그런데 그런 배우자를 나의 욕심과 내 기분과
필요대로 제한하고 강제해서 나와 우리 가정에 무슨 도움이 될 수 있
을 것인가. 돈은 좀 없더라도 살아갈 수 있다. 하지만 자유 없이는 살
수 없다는 여자들의 말이 틀린 말은 아닌 듯하다.

아내, 걸어서 산을 넘는 여자

아내에게 지나친 기대를 하
는 남편들이 많다. 여자로서 아내가 할 수 있는 능력에는 한계가 있
기 마련인데 모든 것을 아내가 마치 슈퍼우먼이라도 되는 듯 남편의
애로를 다 해결해 주기를 바라는 남편들이 있다.

가사와 육아를 직업으로 간주해서 연봉으로 계산하면 얼마나 될
까? 한 보고자료를 보면 아내의 가사와 양육은 연봉 5,300만 원 정도
받을 수 있다고 한다. 연봉 5천만 원을 넘긴다는 말은 그만큼 가정에
서 아내가 감당해 내는 일이 사회생활 이상으로 만만하지 않은 일이
라는 의미다.

만일 아내가 가사와 육아에 전업할 뿐 아니라, 직장을 가지거나 부업이라도 하게 된다면 일이 더 어려워지게 된다. 그런 상황에서 좋은 엄마와 아내, 좋은 며느리까지 강요하게 될 때 아내의 고충은 더 깊어지게 된다.

사정이 이런데도 남편이 특정한 직업 없이 집에서 소일하면서 생계와 가사, 육아마저 아내에게 담당하게 하는 경우에는 이혼하게 될 수밖에 없을 것이다.

남편이 사업하는 경우 사업에 문제가 생기거나 수중에 돈이 떨어지면 맡겨 놓은 것을 찾아오듯이 친정에 가서 사업자금을 구해오라는 남편도 있다. 언제는 출가외인이라고 처가 출입도 못하게 하더니 이제는 친정으로 가서 돈을 구해 오라고 하는 것이니 일관성 없는 처사다. 처가가 살기 어려워 돈을 마련해 오지 못할 때에는 아내 집안을 비하하고 아내 가슴에 장대 못을 박아대는 경우도 흔한 일이다.

— (판례사례 1) 남편은 식당을 운영하기도 하였으나 불성실한 경영으로 모두 손해를 보고 폐업하였다. 특수학교교사인 아내는 남편을 대신하여 생계를 꾸려왔는데, 남편은 수시로 아내에게 돈을 요구하여 아내는 대출을 받아 남편에게 지급하였다. 남편은 아내로부터 받은 돈을 주식투자에 써버리곤 하였는데, 아내가 남편의 요구에도 돈을 주지 아니하자 남편은 종종 폭력을 행사하여 2차례에 걸쳐 전치 2주의 치료를 필요로 하는 상해를 입히기도 하였다.

— (판례사례 2) 부부는 혼인 후 남편의 부모가 마련해 준 서울 강동구에서 생활하였는데, 남편은 아내에게 생활비를 다소 부족하게 주었고, 때로는 사업자금 등을 이유로 아내에게 금원을 차용해 오라고 요구하기도 하였다. 부부는 친정이나 시댁으로부터 도움을 받아 일부 생활비를 충당하였다.

— (판례사례 3) 결혼 후 남편의 집에서 시조부모, 시 숙부 가족, 시부모와 함께 7년 동안을 함께 살면서 아내가 종부로서 대가족의 모든 살림살이를 처리하였고 제사도 모셨으므로, 딸의 고생을 딱하게 여긴 친정엄마가 때때로 살림살이를 도와주었다. 부부는 갈현동에서 문방구를 운영하기 위하여 이사 갔는데, 문방구 2층의 주택을 장모가 임차하여 살면서 살림을 도와주고 손자들을 돌보아 주었다.

어찌 보면 남편 이상으로 사랑받고 싶어 몸부림치는 것이 아내라는 존재다. 좋은 남자 만나 남보란 듯이 버젓이 잘 살고 싶었을 것인데 오히려 남편이 아내에게 기대며 무슨 덕이라도 좀 보겠다고 나온다면 이보다 더 낭패스런 일이 어디에 있을까. 출가외인이라는 풍토가 아직도 잔재해 있는데 아주 잘 살거나 큰 유산이라도 물려받지 못했다면 아내에게 무슨 돈이 있으며 변통 능력이 있을까? 아내가 내놓을 수 있는 최고의 재산은 가족들에 대한 사랑 이외에 무엇이 더 있을 것인가. 산다는 것이 고해라고 한다. 이 험한 세상을 변치 않고 헤쳐나가기로 맹세한 부부들은 서로의 처지를 불쌍하게 여기는 마음이 있어야 한다.

한 여자가 있다. 그 여자가 있다.
울 줄도 내 목을 조일 줄도,
나를 용서할 줄도 아는 그 여자
내가 있어서 아무것도 아니고,
내가 없어도 아무것도 아닌 여자, 죽지 않는 여자,
지금도 걸어서 산을 넘는 여자

(허연, '산을 넘는 여자' 중에서)

최근에는 생존을 위하여 일터에 나가 돈을 벌고 가정살림도 살아야 하는 아내들이 부쩍 많아졌다. 남편 혼자 벌어서는 희망이 없다며 직장을 가지거나 부업 전선으로 향한다. 집에 들어앉아 있으면 우울증에 걸릴 것 같아 직장에 나가는 것이 아니라 그만큼 벌이가 시원찮고 지출할 곳이 많아 도저히 살 수가 없어졌기 때문이다. 혼자 벌어서는 맨날 빚만 지고 산다.

상황이 이러니 여자들에게 결혼은 달가운 것이 될 수 없다. 여자들의 초혼 나이가 차츰 높아지고, 결혼의 문턱을 넘을까 말까를 고민하는 것을 볼 수 있다. 만일 국가에서 결혼하면 밑고사는 내 지장이 없도록 결혼수당이나 자녀수당이라도 넉넉하게 준다면 결혼을 피하는 일은 없을지도 모르겠다.

> 길고 긴 일주일의 노동 끝에
> 언 가슴 웅크리며
> 찬 새벽길 더듬어
> 방안을 들어서면
> 아내는 벌써 공장에 나가고 없다
> 지난 일주일의 노동,
> 기인 이별에 한숨 지며
> 쓴 담배연기 어지러이 내뿜으며
> 바삐 팽개쳐진 아내의 잠옷을 집어 들면
> 혼자서 밤들을 지낸 외로운 내음에
> 눈물이 난다
>
> 깊은 잠 속에 떨어져 주체 못할 피로에 아프게 눈을 뜨면

야간 일 끝내고 온 파랗게 언 아내는
가슴 위에 엎드려져 하염없이 쓰다듬고
사랑의 입맞춤에
내 몸은 서서히 생기를 띤다

(박노해, '신혼日記' 중에서)

다시 말하지만, 아내는 슈퍼우먼이 아니다. 남편으로부터 사랑을
받고 사랑을 주는 것을 전부로 아는 갈대 같은 여자일 뿐이다. 아내
가 모든 것을 해 주기를 바라는 것은 그녀들에게 지나친 형벌이다.

이 땅의 아내들이여, 아무것도 모르고 시작한 결혼생활, 진작 결혼
생활이 이런 것이었다면 저 사람과 만나 살지 않았을 것이라고 수없
이 독백해 본들 지금에 와서 무슨 소용이 되랴. 어느 사람 하나 도와
주지 않는 막막함 속에서 가족들을 위해 몸부림치는 아내들이여, 눈
물이 날 때면 해송 우거진 바다에라도 나가 실컷 통곡이라도 해라.
하지만 포기하지는 마라. 눈물로 씨 뿌리면 거두는 날 반드시 있으리
라. 당신의 눈물을 닦아줄 날은 반드시 오고야 말리라는 것을 믿어야
만 하리라.

현대판 의절이혼(義絶離婚)을 알고 계세요?

아무리 화가 나더라도 부부 사이에 지켜야 할 도리가 있다. 어리석은 사람들은 분노가 생길 때 자기 기분을 좇아 마음대로 행동해 나중에 곱절로 돌아오는 대가를 치르고 나서 가슴을 치며 후회를 한다. 부부싸움을 하더라도 선한 싸움을 해야 하며 사람으로서 해서는 안 될 일은 하지 말아야 한다.

다음에 보는 이혼사례는 분을 참지 못하여 남편으로서 해서는 안 되는 일을 서슴없이 행하여 자신은 물론이고 가족이라는 장막을 무너뜨리는 일을 자행하는 것을 보게 된다. 이런 사례들은 배우자와 가족 친인척들에게 아무리 화가 난다고 하더라도 해서는 안 되는 행동이며 현대판 의절사유로 볼 수 있다. 중국이나 우리나라의 옛 이혼법규에는 결혼생활 중 부부 사이에 도저히 있을 수 없는 불미스러운 행위를 하였을 때 강제로 이혼을 시키는 사례가 있었으며, 이를 의절(義絶)이혼이라고 하였다. 의절사유에 해당할 경우 국법으로 반드시 이혼을 시켜야 했으며, 만일 의절사유가 있는데도 계속 데리고 살면 장을 치거나 귀양을 보내는 등 법으로서 엄중히 처벌하고 강제로 이혼시킨 역사가 있다. 이러한 강제적인 법정이혼사유는 동양에서 뿐만이 아니라 근세 서구의 혼인사(婚姻史)에서도 늘 존재했다.

— (판례사례 1) 겁이 난 아내가 친정으로 달려가 친정부모를 모시고 다시 집으로 오는 사이 집에 있던 남편은 술을 마신 채 집안의 가구 등을 때려 부수고 아내의 방에 있던 물건을 뒤엎고 벽에는 입에 담을 수 없는 욕설을 갈겨 써놓는 등 집안을 엉망으로 만들어 놓았고, 장모를 보자 욕설을 하면서 몸싸움을 보이는 등 아내와 장모와 다툼을 벌이게 되었으며, 이에 따라 남편에게 환멸을 느낀 아내는 집을 나오고 말았다.

— (판례사례 2) 남편은 심지어 장모가 사망하자 장례식에 참석하지 않은 것은 물론 아이들도 참석하지 못하게 하였다. 한편 그 뒤 얼마 지나지 않아 시어머니도 사망하였는데 남편은 아내가 시어머니 임종 순간에 자리를 비웠다는 이유로 장례식이 끝난 뒤 심하게 아내를 구타하였다.

— (판례사례 3) 남편은 집을 나갔다가 일주일 후에 돌아와 은행통장, 도장, 등기권리증, 임대차계약서 등을 가지고 나가 이 사건 부동산을 담보로 1억 1,800만 원을 대출받아 나중에 자신의 성형수술 비용 등으로 사용하였고, 같은 날 집에 돌아와 아내의 목에 가위를 대고 위협을 하더니 아내의 머리카락과 옷, 신발, 카드, 통장, 결혼사진 등을 가위로

잘라 버렸다.

— (판례사례 4) 남편은 한우 판매대금을 둘러싼 문제로 다시 아내에게 상
   해를 가하였고 가업으로 운영하는 목장 입구에서 차량바퀴에 구멍
   을 내려는 것을 아내가 말린다는 이유로 아내를 밀어 넘어뜨리고 둘
   째 딸의 손을 비틀어 상해를 가하였는데 경찰이 출동하여 조사하는
   과정에서 딸아이와 아들이 오히려 자신에게 상해를 가했다며 아들과
   딸을 존속상해죄로 고소하였다.

배우자가 이런 행동들을 한다면 더는 두고 볼 필요가 없을 것이다.
이 지경에 이르렀는데도 그 사람에 대한 미련을 버리지 못한다면 판
단력이 흐려진 것이고 결국 자신의 인생을 망치는 결과를 가져오게
된다. 더는 두고 보고 자시고 할 것이 없다는 것이다. 부부 사이에도
벽이 허물어져 아무렇게나 행동하고도 무사할 수는 없다. 가까운 사
이일지라도 최소한 인간으로서 지켜야 할 도리가 있다. 그것을 지키
며 살 때 우리의 결혼은 유지될 수가 있다.

"내가 무슨 재미가 있겠냐, 자기 안 만나면"

만일 내 남편이나 아내의 휴대
전화기에 모르는 이성에게서 온 다음과 같은 문자메시지를 발견했다
면 당신은 어떻게 할 것인가?

　—"당신 사랑해, 여보 잘 자요, 헤어진 지 이틀 됐는데 보고 싶어 혼
　났네."

이 문제는 민법이 규정하고 있는 이혼사유인 배우자의 부정범위
를 어떻게 잡느냐는 것에 따라 다를 것이다. 일반적으로 배우자의 부

정행위라는 것은 배우자 이외의 이성과 직접적인 정을 통하는 것은 물론이고 이에 준하는 행위를 한 것도 포함되는 것으로 해석하는 데 이견이 없는 듯하다. 즉, 혼외정사에 이르지 않았다고 하더라도 부부의 정조의무에 충실하지 않은 일체의 행위를 포함한다는 말이다. 이 정도의 친밀한 문자메시지를 주고받는 사이라고 한다면 부정행위를 추정할 수 있지 않나 하는 생각을 해보게 된다.

오늘날 전화통화, 문자메시지, 컴퓨터 채팅, 이메일, SNS 등이 개인간 사이에 있어 중요한 소통수단이 된다. 누구나 스마트폰이나 컴퓨터 한 대씩은 가지고 있는 세상이 되다 보니 불륜의 단서 역시 쉽게 노출되어 시비가 생기고 있다. 휴대전화기 사용시간이 많다 보니 자연히 불륜 메시지가 상대배우자에게 쉽게 발각되어 문제를 일으킨다. 문자메시지는 지속적인 불륜으로 연결되는 예도 있고 일시적인 연애감정으로 표현으로 그냥 끝나 버릴 수도 있지만, 배우자가 이 내용을 알게 되면 참을 수 없는 분노를 하게 된다.

사람은 젊으나 나이가 드나 이성을 그리워하고 이성에게 끌리는 마음을 가지고 있다. 그래서 기회가 주어진다면 젊은 날의 철없던 시절의 연애를 한번 해 보고 싶은 것이 사람들의 심리이며 결혼을 했다고 해서 이런 감정이 없어지는 것은 아니다. 자신의 여건은 생각지도 않고 솔로였을 때의 사치스런 감정을 다시 한 번 누려보고 싶은 것이다.

금요일 오후
양화진 나루터에 한 여자가
고개를 숙인 채 앉아 있다
그 옆을 스쳐 지나치며

앉아도 좋으냐는 나의 말에

그녀는 고개를 가로저었다

생각해보면 두려운 일이다

여기서 맺어지는 인연이라면

붉은 피를 쏟으며

서로 목이 베이는

그런 사랑을 하게 되리라

옛 양화진 나루터에 낙엽이 진다

스무 삼 적 시절의

철없던 사랑이 그립다

('양화진에서', 전편)

우리 주변에서 전화나 문자를 통한 불륜 때문에 서로 갈라서는 사례들을 흔히 볼 수 있다.

— (판례사례 1) 아내는 혼인 전부터 사귀던 아내의 직장동료인 남자와 계속 만나는 외에도, 채팅을 통하여 알게 된 다른 남자들과 만나 함께 술을 마시고 늦게 귀가하거나 휴대폰으로 문자메시지를 주고받았으며, 위와 같이 병원에 입원치료를 받던 중에도 남자들과 만나고 자주 외박을 했으며, 부부관계를 거부하고 자녀들의 부양을 게을리하였다.

— (판례사례 2) 아들이 아버지가 직장 동료로서 이혼녀인 사람과 '사랑한다.'라는 취지의 문자메시지를 주고받는 것을 발견하고 엄마에게 알려 주면서 부부 사이가 더욱 악화하였다. 남편은 별거하기 직전에도 내연녀에게 별거할 것을 미리 알리고 등산을 함께 다니는 등 교제하면서 "내가 무슨 재미가 있겠냐, 자기 안 만나면"이라는 내용의 문자메시지를 보내기도 하였다.

— (판례사례 3) 한편 남편은 자신에게 잘못 걸려온 전화를 계기로 전화를 한 여자와 수시로 전화를 하고 만나는 등 사귀게 되었는데, 아내 몰래 이불 속에서 그녀와 전화통화를 하다가 아내에게 발각되어 용서를 구하기도 하였고, 그 후 남편의 수첩에서 내연녀의 은행 계좌번호가 기재된 쪽지가 나와 아내로부터 그녀에게 돈까지 주느냐고 항의를 받기도 하였으며, 이 문제로 부부의 갈등은 더욱 깊어 갔다.

예전에는 불륜의 단서를 잡기 위하여 흥신소 등 사설기관을 통하여 불법으로 사람의 뒤를 밟고 하였지만, 요즘은 불륜을 저지르는 사람이 사용하는 전화나 컴퓨터를 통하여 쉽게 발각이 되기도 한다. 가정에 있는 주부들도 시간이 나면 휴대전화기나 컴퓨터 채팅을 통하여 이성과 대화를 나눌 수 있어 주부들의 불륜기회가 그만큼 많아졌다.

세상 사람들이 염려하듯이 남편 따로 애인 따로 두며 살아가는 세상이 되었다고 수군거린다. 아내가 불륜을 저지를 때에도 남편은 밖에 나가 돈을 버는데 온통 신경을 쓰는 바람에 아내가 무얼 하고 지내는지 모르는 경우가 많다.

결혼은 두 사람이 연합하여 한몸이 되어 서로 사랑하겠다는 약속이다. 약속은 어떤 희생이 따르더라도 지켜야겠다는 각오가 있을 때 약속으로서 가치가 있는 것이다. 그런데도 불구하고 혼인 중인 부부들이 불륜을 일삼고 채팅이나 문자메시지를 통해 그 사실을 알린다는 것은 무책임할 뿐 아니라 결혼을 파국으로 몰고 가는 행동이다. 정말 배우자를 사랑하고 약속을 기억하는 사람은 다른 이성과 눈 따가운 문자메시지를 주고받는 일은 하지 않는다. 아무렇지도 않은 듯 주고받는 문자메시지가 이혼을 부른다.

아내의 거절에는 다 이유가 있다

부부 사이의 원만한 성생활은 결혼생활의 만족도와 상관관계가 있다. 대체로 성생활에 긍정적이면 결혼생활에 대하여도 긍정적이라고 볼 수 있으며, 성생활에 불만족할 경우 결혼생활도 불평불만으로 이어지게 된다. 섹스는 결혼생활에서 대단히 중요하며 큰 영향을 미친다.

결혼의 본질이라는 것이 부부가 동거하는 것이므로 성생활도 함께하며 살아가는 것은 당연한 일이어서 자기 몸을 순전히 자신의 것이라고만 주장할 수는 없게 된다. 성에 관한 한 부부는 배우자와 공히 공동결정권을 행사한다고 보면 된다. 그래서 아무리 내키지 않는다고 하더라도 상대배우자가 원하면 어느 정도 따라주어야지 무작정 거절할 수 없다. 물론 이 경우 원하는 측에서는 상대배우자의 건강이나 컨디션 등을 잘 살펴야 함은 물론이다.

아내들은 때에 따라서는 남편의 섹스요구를 거절하면서도 남편이 자위하는 것과 같이 혼자서 성적 필요를 해결하는 것을 좋아하지 않는다. 아내는 자신이 사정이 있어 지금 당장은 남편의 섹스요구에 따라 줄 수는 없지만, 자신과 함께해야 할 배우사와의 성직인 만족을 자기 아닌 다른 방법을 통하여 채워나가는 것을 좋아할 이유가 없기 때문이다.

여성은 본래 정적이며 남자보다 낮은 성적인 욕구가 있다고 볼 수 있다. 아내 쪽에서 거절하는 경우에는 대체로 두 가지 이유를 생각해 볼 수 있을 것이다. 한때 몸 상태가 안 좋을 때이거나 상대가 마음에 들지 않아 내키지 않는 경우다. 후자는 부부관계에서 문제가 생긴 것을 의미한다.

아내는 결혼하였는데도 외로움을 느끼고 혼자 방황하는 경우가 많다. 이러한 고독감은 결혼은 곧 안식이며, 결혼하게 되면 배우자가 감정적인 필요를 채워준다는 그릇된 생각에서 비롯된다. 그것은 결혼에 대한 무지막지한 환상이다. 한 사람의 감정적인 필요를 모두 충족시켜 줄 슈퍼맨은 이 세상 어디에도 존재하지 않는다. 이때의 실망감이 섹스리스의 원인이 되기도 한다.

섹스거절의 또 다른 이유는 신체적인 건강상태와 관련이 있다. 아내의 몸 상태가 좋지 못하면 남편은 충분한 시간을 갖고 회복될 때까지 기다려 주어야 한다. 자기의 입장만 생각하여 욕구를 채워버리게 되면 아내는 다음부터 섹스를 거절하게 된다. 대개 이런 면에서는 남자들은 여자들보다 눈치가 부족한 편이다. 몸과 심기가 불편한 아내가 도저히 관계를 할 타이밍이 아닌데도 눈치 없는 남편들은 욕구가 생기면 바로 들이대는 경우가 많아 아내들은 실망하게 한다. 남편은 아내와 조심스럽게 대화를 통해서 상대방의 현재 상태를 알아보는 노력이 필요하다.

남편으로서는 아내의 성에 대한 이해가 필요하다. 남성의 성이 본능적이라고 한다면 여성의 성은 정치적이며 복잡하다. 이뿐만이 아니다. 여성의 성은 아기자기한 놀이와 같은 것이며 낭만적이다. 남성은 성적욕구가 생겨났을 때 이런저런 일과 관계없이 섹스할 수 있지만, 여성은 상대방과의 인간적인 관계가 잘 이루어 졌을 때 섹스를 할 수 있다. 관심과 애정을 느낄 때, 위로와 친밀을 느낄 때 비로소 여성의 성은 열린다. 아내가 방에 들어가 문을 걸어 잠가 버리거나 남편의 요구를 거절하는 것은 남편에 대한 징벌적인 제재를 의미하는 때도 있다.

이때 남편은 화를 내며 '여자가 너 밖에 없느냐?'라는 식으로 대응한다면 곤란하다. 아내 역시 남편에게 성을 무기화로 사용하는 것은 바람직하지 않다.

성관계가 때로는 배우자에게 수치심과 마음의 상처를 줄 수도 있다. 통상적으로 부부들이 성관계에서 만족을 얻는 경우는 불과 10% 밖에 안 된다고 한다. 나머지 90%는 부부니까 어쩔 수 없이 관계한다는 것이다. 일방적으로 내 욕구만 채우고 있지는 않은지, 나의 요구가 상대방에게 수치심을 주지는 않았는지를 돌아볼 일이다. 부부가 즐겁게 섹스를 할 수 있다는 것은 그만큼 부부 사이의 영적 결속력과 공통분모가 많다는 신호이기도 하다. 섹스가 불만족스러울 때는 힘이 들겠지만, 상대배우자에게 어떤 점이 불만스러우며, 어떻게 해 주는 것이 좋은지 솔직히 물어서 고칠 점은 고칠 수 있는 정도의 사이가 된다면 좋을 것이다.

또한, 남편과 아내의 오르가슴에는 10여 분 정도의 차이가 있다. 적절한 표현일지는 모르겠으나 남녀의 성을 비교하자면 남자가 전구라면 이에 비해 아내의 성은 질그릇처럼 천천히 달구어졌다가 천천히 식는 구조라고 말할 수 있다. 이혼판례를 보면 아내가 잠자리를 거절하는 이유에 대해서는 딱히 이렇다 할 일정한 이유가 있어서 그런 것은 아니지만, 상황에 따라 이런저런 이유가 있을 수 있음을 엿볼 수 있다.

— (판례사례 1) 아내가 식사준비를 제대로 하지 않는 등으로 가사에 소홀하였고 남편의 만류에도 아르바이트하면서 그 수입을 혼자 탕진하였으며, 술 마시고 늦게 귀가하는 일이 자주 있었을 뿐 아니라, 혼인 전에 사귀었던 남자와 계속 관계하면서, 남편과의 성관계는 거부하였다.

— (판례사례 2) 남편은 앞서 인정된 아내의 혼인관계 파탄에 관한 책임사유 외에도 아내가 수년 전부터 종교에 지나치게 빠져서 휴가철만 되면 남편을 빼놓고 4박 5일씩 기도원에 가서 휴가를 보내고 오는 등 가정을 등한시하고 부부관계를 거부하여 남편을 유기 학대한 바가 있다.

부부가 성관계하면서 지낸다는 것은 부부의 관계가 그럭저럭 지낼 정도는 된다는 것을 의미한다. 그래서 성관계를 거절하는 것은 부부 사이에 문제가 생긴 것이며, 이 문제를 해결하지 않으면 가정이 어려움에 부닥치게 될 수도 있다는 말이 된다. 불만을 느낀 배우자는 배우자 이외의 다른 사람을 통하여 성적인 만족을 채우고 위로받고 싶어 한다. 주변에서도 이런 남녀의 상태를 귀신처럼 눈치채고 유혹을 하는 경우가 비일비재하다.

원만한 부부관계를 유지해 나가기 위해서는 서로 어떤 자세가 필요할까? 놀랍게도 이 문제는 정서적으로 접근해야 풀린다. 그것은 남편의 아내에 대한 사랑과 아내의 남편에 대한 존경이 전제될 때 가능하다. 남편이 아내를 진정으로 사랑하고 위해주면 아내는 남편을 존경하게 된다. 이것이 부부관계의 비밀을 푸는 열쇠다.

남편의 아내 사랑과 아내의 남편에 대한 존경이 있다면 부부생활에 무슨 어려움이 있을까 싶다. 배우자는 '또 다른 나'(Another I)라는 말이 있듯이 아내를 나 자신을 사랑하듯이 사랑해 주는 것이 옳다. 그러면 남편은 아내에게 거절의 대상이 되는 것이 아니라 아내에게 존경스러운 존재가 된다.

현실에서는 내가 택한 아내고 남편인데도 불구하고 마치 남남처럼 냉랭하게 살아가며 서로 끊임없이 겉돌게 되는 경우를 자주 볼 수 있다. 아내가 아침이라면 남편은 저녁인 것처럼 서로 다른 시간대를 사는 사람들 같이 행동한다. 아내는 남편의 외박을 용서하지 못하고 남편은 아내의 외출을 용서하지 못한다.

한 이불을 덮고 밥상을 마주 보고 매일 얼굴을 보지만 마치 다른 행성에서 온 사람들과도 같다. 왜 이리도 내 남편과 내 아내가 낯선 타인처럼 느껴지는가. 이렇게 살기 위해 두 사람이 결혼한 것은 아닐 것이다.

두 사람이 서로 입을 맞추어 키스하고 말로는 당신을 사랑한다고 고백을 하지만 각자 서로 다른 마음을 품고 참된 하나가 되지 못하는 것이 오늘날 부부들의 실존이다.

> 사랑하는 사람들 서로 볼 비벼
> 몸은 불덩이로 끓어오르지만
> 왜 저리 가슴들 추워서 떨리는가
>
> (이성부, '惡寒' 중에서)

그대와 다시 한계령에 갇히고 싶다

풋풋한 젊은 시절, 사랑하던 사람을 위해서 노심초사하며 내 모든 것을 다 불사라야만 내가 사는 것 같았던 그 시절로 돌아가기 위해서는 어떻게 해야 할까. 주고 주어도 더 주고 싶고 온종일 보고 또 보아도 다시 보고 싶어지던 그런 밑도 끝도 없는 그리움은 도대체 누가 다 훔쳐가 버렸나? 한 번씩은 다 한계령을 위한 연가라는 시를 읽어 본 적이 있을 것이다.

한겨울 못 잊을 사람하고
한계령쯤을 넘다가

뜻밖의 폭설을 만나고 싶다
뉴스는 다투어 수십 년 만의 풍요를 알리고
자동차들은 뒤뚱거리며
제 구멍들을 찾아가느라 법석이지만
한계령의 한계에 못 이긴 척 기꺼이 묶였으면

오오, 눈부신 고립
사방이 온통 흰 것뿐인 동화의 나라에
발이 아니라 운명이 묶였으면
이윽고 날이 어두워지면 풍요는
조금씩 공포로 변하고, 현실은
두려움의 색채를 드리우기 시작하지만
헬리콥터가 나타났을 때에도
나는 결코 손을 흔들지 않으리
헬리콥터가 눈 속에 갇힌 야생조들과
짐승들을 위해 골고루 먹이를 뿌릴 때에도……

시퍼렇게 살아 있는 젊은 심장을 향해
까아만 포탄을 뿌려 대던 헬리콥터들이
고란이나 꿩들의 일용할 양식을 위해
자비롭게 골고루 먹이를 뿌릴 때에도
나는 결코 옷자락을 보이지 않으리

아름다운 한계령에 기꺼이 묶여
난생처음 짧은 축복에 몸 둘 바를 모르리

(문정희, '한계령을 위한 연가', 전편)

이 시를 읽고 있노라면 누구나 한 사람씩 생각나는 사람이 있을 것이다. 그 이름은 바로 다름 아닌 당신들과 함께 사는 아내고 남편의 이름일 것이다. 연애할 때는 그랬다. 사내들은 사랑하는 여자와 함께 배편이 끊기면 돌아오지 못할 섬으로 데이트를 나가서 배가 끊겨 돌아갈 수 없다는 핑계로 그 여자와 운명의 날을 보내었던 시간들 말이다. 여자들 역시 배편을 핑계로 사랑하는 그 사람에게 자신을 맡겨 버리고 싶었던 유혹의 날을 경험하였을 것이다. 그때 사람들은 눈치도 양심도 없이 서둘러 서로 묶었고 그 묶임을 확인하고 대견해하며 살아 있는 날들을 자축하였다. 그래서 두 사람은 기호하여 맺어진 사랑은 두 사람의 목숨이 다하는 날까지 이어지기를 원했다.

여러 가지로 살기가 힘든 세상이 되었다. 오늘날 결혼생활에서는 연애시절의 사랑받던 정서적인 부분이 결혼 이후에도 싱싱히 유지되어야만 한다는 전제가 깔렸기 때문이다. 결혼 전 연애할 때 느꼈던 그런 정서나 만족감을 결혼생활에서 요구하는 경향이 눈에 띄게 늘어났다. 밥을 굶지 않기 위해서 부모를 잘 모시고, 자식들을 낳아 잘 기르기 위해서 내 한 몸 희생하며 결혼생활을 해 나가는 것이 아니다. 나 자신이 개인적으로 행복해 지기 위해서 정서적으로 보호받고 성적으로 사랑받는 것을 갈구하며 그것이 받아들여지지 않으면 과감하게 이혼을 선택하는 세상이 되었다.

어떻게 보면 사랑해서 결혼했기 때문에 당연한 일이기도 하다. 그런데 결혼을 하고 난 지금 연애시절의 사랑과 열정은 어디로 가버린 것일까. 저마다 서로 외면하고 돌아서서 혼자만 쓸쓸하다고 몸부림을 치니까 말이다. 결혼은 말 그대로 연애의 무덤인가? 부부들은 왜 이다지 가슴에 바람이 숭숭 들어오는 원망스러운 결혼생활을 마지못해 이어가고 있을까.

최근 보도에 따르면 남성의 혼외정사 비율이 50%를 넘고 여성은 30~40%에 육박하여 남성과 여성의 혼외정사 비율의 차이가 점차 좁혀지고 있다고 한다. 우리나라는 남성의 외도를 너그럽게 여기는 성문화 탓에 남성의 혼외정사 비율은 외국을 추월할 것으로 생각된다. 불륜은 동서고금을 불문하고 남녀가 이 세상에 존재하는 한 언제나 문제가 될 것이다.

성서를 보면 이천 년 전에도 불륜에 대하여 이혼을 허용하고 있고, 우리나라 조선왕조실록에서도 칠거지악 중 불륜에 해당하는 음거(淫 去)를 법정이혼사유로 들고 있다. 경우에 따라 불륜은 결혼생활을 망치는 것은 물론이고 명예, 돈, 가족 등 모든 것을 잃어버리게 한다. 결혼은 동거하며 배우자 이외의 자와 성을 나누지 않겠다고 충성을 맹세하는 것이다. 남편과 아내가 합하여 두 사람이 한몸이 되는 성적 결합이 결혼의 본질이다.

세상 살다 보면 배우자에 대하여 연애시절과 같은 감정을 계속 유지할 수가 없다. 배우자에게 무관심하게 되면 상대방은 귀신과도 같이 이를 알아차리고 배우자 대신 채워 줄 사랑을 찾아 나선다. 남자에게 있어 섹스는 최대의 관심사다. 배우자로부터 섹스를 거절당하거나, 성적인 욕구를 해결할 수 없을 때 좌절감을 느낀다. 이와는 반대로 아내는 남편으로부터의 따뜻한 사랑과 배려를 받지 못하면 언제나 불륜의 위험에 노출된다.

부부는 서로 아껴주고 위로받으며 가치 있는 존재로 인정을 받아야 마땅하다. 결혼하여 가정을 가지면 연애시절의 낭만적인 사랑은 결혼생활 속에서 질식하는 것을 흔히 본다. 배우자는 서로 순결을 지키기로 약속한 사이다. 그래서 성적 순결을 상실하게 되면 결정적인 손상을 주게 되어 결혼의 존립이 위태롭게 된다. 남자의 불륜은 한

번쯤 있을 수 있는 일로 가볍게 여기지만 여자의 불륜은 용서받지 못할 대죄로 여기는 것은 잘못이다.

— (판례사례 1) 부부는 네바다 주에서 일식집을 운영하기 시작하였는데 사업이 잘되자 자주 한국에 드나들며 박○○라는 여자를 만나기 시작했다. 특히 남편은 상속재산에 대하여 형제들과 협의하는 자리에 박○○를 데리고 참석하였는데, 남편의 둘째 형에게 '나 바람 좀 피우면 안 됩니까. 나도 아이 하나 갖고 싶소.'라고 말하였다. 또한, 남편은 은행 계좌를 개설하였는데, 계좌 개설 시 주소와 연락처는 물론 전화 번호를 모두 박○○의 것으로 기재하였고, 그 이후 박○○은 위계좌를 관리하던 중 유산을 하여 병원에서 치료를 받으면서 그 비용을 위 계좌에서 인출한 돈으로 지급하기도 하였다.

— (판례사례 2) 한편 남편은 아내와 별거 전부터 술집에 다니면서 알게 된소외 홍○○와 전화통화를 하곤 하였는데, 아내와의 별거 이후로는홍○○와 더욱 잦은 통화를 하며, 아이를 돌보고 집안일을 한다는 이유로 홍○○를 집에 들이곤 하였다.

— (판례사례 3) 남편의 다른 여자들과의 채팅문제, 아내의 다단계사업 참여문제 등으로 부부 사이에 불화가 생기기 시작하였고 아내는 우연히남편의 차가 광양시 모 아파트 앞에 주차된 것을 목격하게 되었는데,그에 대한 남편의 거짓된 해명을 추궁하는 과정에서 남편이 진○○라는 여자와의 사이에 몇 년 동안 부정한 관계를 맺어온 사실을 알게 되었다.

사람의 근본은 잘 변하지 않는다. 결혼하여 배우자까지 있는 사람이 불륜을 일삼는 것을 더는 두고 보기가 어렵다. 이러한 것을 알면서도 끌려다닌다면 판단력에 문제가 생긴 것이다.

이 사례에서 주목할 부분은 불륜도 불륜이지만 아내들은 남편이 불륜녀의 계좌에 송금하는 등의 행동을 그냥 두고 보지 못한다는 것이다. 남편의 성적인 관심이 자기가 아닌 다른 여자에게 가 있다는 점도 억울한데 여기서 더 나아가 돈을 허비하여 가정경제에 어려움을 준다는 사실을 알고는 더욱 분개한다. 정상적인 사랑이든 불륜으로 인한 사랑이든 사랑이라는 것은 원래 많은 소비를 요구한다. 사랑은 그런 괴물이다. 일반적으로 불륜은 주로 남자가 필요한 경비를 부담한다. 상대방의 환심을 사고 욕심을 채우기 위해 돈을 송금해 주고 선물을 사주는 등 돈을 물 쓰듯이 한다. 그런 가운데 불륜의 열매는 벌레를 먹으며 익어간다. 아내로서는 남편의 마음이 떠나간 상태에서 생활비까지 받아 쓰지 못하게 되면 아이와 살아갈 일을 염려할 수밖에 없다.

불륜의 원인이 배우자의 무관심에서 생기는 경우가 많으므로 배우자는 상대배우자에게 성적으로도 호감을 보이도록 노력해야 한다. 누구에게도 부끄럽지 않도록 자신의 매력을 지켜나갈 필요가 있다. 아내는 마음이 고운 것도 중요하지만 센스 있게 어느 정도 자신의 외모를 가꾸는 것에도 신경을 써야 한다. 남편이 좋아할 머리 스타일과 목걸이를 걸고, 예쁜 옷을 입고 남편을 대해야 할 필요가 있다. 남편은 여자로서의 성적인 매력이 풍기는 아내의 외적인 모습에 쉽게 마음이 동한다. 외출 시 잘 꾸민 아내의 모습에 빠져 성적인 충동을 느끼는 것이 남편들이다. 남성들의 성이 시각적인 만큼 자신은 아직 여자로서 살아 있다는 느낌을 주어야 한다.

남편들 역시 마찬가지다. 생각해보면 집을 나서는 순간, 한 가정을 대표하는 공인인 셈이다. 가정과 자신 스스로를 잘 관리해야 하는 막중한 자리에 있으므로 늘 자제하는 마음을 가져야 한다. 몸에 해로운 술이나 담배를 가까이하고 먹는 것을 절제하지 못하여 병을 키워 가족에게 근심되어서는 곤란하다. 틈나는 대로 운동을 하여 몸을 근사하게 하고 말을 할 때에는 유머를 할 줄 아는 남편이라면 좋을 것이다. 매사 긍정적이고 건설적으로 사고하며 가끔은 헤어스타일이나 옷도 바꾸어 입어 새로워지려고 노력해야 한다. 그래서 아내에게 노력하는 남편, 듬직한 남편으로 믿음을 심어준다면 더 바랄 것이 없을 것이다.

앞에서 언급했듯이 과거에 우리 조상들도 배우자의 간통은 칠거지악 중 음거(淫去)라고 하여 벌적이혼사유의 하나였다. 그 까닭은 가계 계승에 따르는 혈통의 순결성과 남편의 독점욕에 반대되는 행위였기 때문이었다. 그 시대는 남녀가 유별하였으므로 간통이 아니라 하더라도 성적으로 문란한 행위는 문제가 되었다. 즉, 간통 외에도 음행, 추행, 실행, 분별없는 남녀의 행위는 이혼의 대상이었다. 남자에게는 자기 여자가 변심하여 다른 이성을 찾아 나서는 것을 지켜보는 일은 고통이다. 사랑은 움직이는 것이며 계속 변하는 것이라는 말은 공연한 소리가 아니다. 꽃을 찾아 별이 날아드는 것은 자연스러운 일이어서 남자들은 사랑하는 여자에게 신뢰를 보여 달라고 사랑의 맹세를 구걸하기도 한다.

> 당신을 보면 사랑하고 싶은 욕망이 솟구친다.
> 그걸 느끼며 나는 갈구한다.
> 아름다운 여인아, 이제 내가 필요로 하는 것은 당신의 신뢰다!
>
> (괴테, 베니스경구 32)

남편들에게 있어 아내 이외의 다른 이성에게 관심이 가는 것은 어쩔 수 없는 현상이다. 남에게 친절하며, 순진한 남편들일수록 이런저런 이유로 아내 아닌 다른 여자와 엮일 경우가 많다. 그래서 친절하고 바람기 있는 남편을 둔 아내들은 이래저래 마음고생이 심하다. 이런 남편들일수록 모질지 못하며, 남편의 바람기는 한때의 바람일 경우가 많다.

여러 가지 상황을 판단하여 이 사람은 도저히 안 되겠다고 할 정도가 아니면 바람이 지나가기를 기다리며 자신의 자리를 지키고 있으면 다시 제자리로 돌아오는 경우도 많다. 남편의 불륜을 용서할 것인가의 판단기준은 그 사람의 과거의 행실과 현재의 태도 등을 잘 살펴서 결정해야 할 것이다. 잘못되어 용인할 수 없다는 결론이 내려졌는데도 그런 배우자에게 끌려다녀서는 안 된다. 이때는 결단을 내리는 것이 필요하다.

내일이 되면 대수로울 것 하나도 없게 될 그렇고 그런 사랑을 위해 이 밤도 많은 남녀가 붙어 다니며 불륜으로 밤을 지새울 것이다. 이 때문에 아파하고 고통받는 사람들은 또 얼마나 많을 것인가. 자신을 가꾸고 상대를 배려하며 서로에게 매력을 보여 준다면 멀어졌던 사랑을 다시 회복할 수 있다. 나의 잘못으로 배우자가 불륜으로 나갔다면 먼저 자신을 살피고 고쳐서 다른 사람에게 더는 관심을 두지 못하게 하여야 한다. 스스로 거슬리는 행동은 하지 않는지 살펴 신뢰를 얻지 못할 행동은 하지 말아야 한다. 내가 너무 배우자에게 무관심하지는 않았는지, 지나치게 가부장의식을 가지고 배우자의 자유를 구속하지 않았는지 반성해 보고 상대의 마음을 돌이킬 수 있도록 노력하는 시간을 가져야 한다.

하지만 배우자가 불륜에 빠졌다고 하여 상대를 추궁하거나 뒷조사를 하여 배우자의 부정을 증거로 남겨 폭로하는 등의 행동은 하지 않는 것이 좋다. 만일 그렇게 되면 부정을 저지른 배우자는 돌아오고 싶어도 자기가 저지른 가증스러운 증거들 때문에 차마 돌아올 수 없게 된다. 배우자를 내쫓고 영원히 헤어지고 싶으면 그렇게 하라. 세월의 힘은 위대하다. 세월은 일상의 잘못된 것들을 바로잡아 정상으로 돌아가게 하는 위대한 힘이 있다.

두려워 말아라 고난이 드리울지라도

기뻐하지도 말아라 세상이 다 내 것 같아도

두려운 날도 기쁜 날도 한때의 환상일 뿐

세월은 아픔을 이기게 한다

우리에게 세월이 있나니

하나님 같은 세월이 있나니

밤은 별들을 거느리고 오늘도

저만치서 오고 있나니

('세월', 전편)

25교시

결혼은 경제다

사람들은 모두 왜 저리 난리들인가, 잘 먹고 잘 살겠다는 짓

아이를 낳아 잘 먹고 잘 기르겠다는 발버둥치는 모습들

사람들아 기억하라 그리고 집에 돌아가서도 그렇게 하라

누구도 그 이상의 위대한 일은 없다. 아무리 노력하더라도

(괴테, 베니스경구 8)

괴테의 말대로 결혼이라는 것

도 결국 가족들과 잘 먹고 잘 살자고 하는 일이다. 우리는 이것 이상

을 이룰 수 없다. 오늘날 노동수요가 증가하고 이동수단의 발달과 증

가로 가정을 가진 부부들도 배우자로부터 좀 더 자유로워질 수 있게 되었지만, 결혼하게 되면 부부는 경제적으로 서로 협력하는 관계가 된다. 전통사회뿐만 아니라 현대사회에 있어서도 결혼이 경제적인 상호부조(相互扶助)를 위한 사회제도라는 것은 부인할 수 없다. 배우자가 일찍 사망하거나 이혼을 함으로써 한쪽을 잃게 되면 가족의 경제적인 기둥이 무너져 결혼을 통해 지지가 되었던 혼인의 장막이 허물어지게 된다. 결혼은 두 사람이 만나 하나의 공동체를 이루어 나가는 것을 의미하는 만큼 단일한 경제적인 공동체일 것이 요구된다.

농서고금을 통하여 볼 때 이혼이나 사망으로 과부나 홀아비가 되는 것이 두려워 어쩔 수 없이 마음에 맞지 않는 배우자와 살아가야만 했던 것이나 이혼을 하고 나서 1년도 못 되어 재혼을 서두를 수밖에 없었던 저간의 사정들도 알고 보면 경제적인 필요충족과 관련이 있다. 오늘날에는 많은 직업과 사회적 여건들의 개선으로 여성들마저 별거나 이혼을 어느 정도 두려워하지 않을 정도가 되었다.

결혼은 두 부부의 경제적인 협력을 통해 결혼생활의 안정적인 기반을 만들어가는 과정이다. 설령 배우자 중 누구 한 명 앞으로 재산의 명의를 옮겨 놓았다고 하더라도 그것은 일시적인 편의에 불과하며, 두 사람이 이룬 공동의 재산은 두 사람이 함께 관리하고 유지해 나가야 한다.

우리나라는 부부별산제로 인하여 여성이 직업적으로 성공하여 자신의 수입을 가질 수 있을 뿐만 아니라 상속이나 증여 등을 통하여 큰 재산을 모을 수도 있다. 이혼할 때도 혼인 중 이룩한 재산에 대해서는 부부가 균등하게 분배하는 추세이므로 그만큼 여성이 남편의 그늘에서 의지하여 연명해야만 하는 필요성은 줄어들게 되었다. 오늘날에는 이혼의 원인이 어디에 있든 결혼생활이 파탄하였다는 그 결과 자체를 이혼사유로 보고 있으며 점차 이혼에 이르게 된 상대방의 과실유무를 중요시하게 생각하지 않게 되었다. 결혼생활 중 재산 등 경제적인 문제에 있어서는 배우자를 무시하고 자신의 마음대로 좌지우지해서는 안 된다. 그리고 결혼생활에서 경제적인 문제를 서로 투명하게 하지 않으면 부부 사이에 친밀감이 생길 수 없어 늘 겉돌게 되며 부부관계는 병들게 된다. 경제적인 문제에 있어 서로 투명하게 할 뿐만 아니라 서로 협조하는 것이 부부관계를 공고하게 하는 중요한 요소임을 기억해야 한다.

결혼이라는 것은 부부 사이의 애정과 더불어 경제적인 문제를 그 핵심내용으로 한다. 결혼으로 두 사람의 몸과 마음은 하나가 되고, 두 사람의 재산도 합쳐지게 된다.

따라서 혼인의 해소(解消)에 있어서 재산처리 문제는 중요하다. 이런 복잡한 경제적인 융합과 청산의 어려움을 의식해서인지 많은 사람이 결혼을 망설이는 경우가 많다. 결혼은 경제적인 가족공동체의 형성을 전제로 성립하는 것이다.

경제적 독립왕국을 건설하라

결혼하게 되면 경제적으로
도 독립할 수 있어야 한다. 누구한테 독립해야 하는가? 먼저 시가와
친정으로부터 독립해야 한다. 부부가 경제적으로 의지하는 사람들로
부터 독립할 때 진정한 결혼생활은 영위될 수 있다. 금전적으로 결혼
전에 의지했던 부모나 형제들에게 지원받게 되면 그들로부터 간섭을
받으며 그 간섭은 정당화된다. 이런 이유로 직접 금전적 지원은 아니
지만 결국 금전으로 환산할 수 있는 도움을 받는 것도 마찬가지다.
시부모나 친정부모에게 아이를 맡겨 양육에 도움을 받을 수 있다. 이
러면 지원자들의 계속되는 간섭을 피할 수 없다.

결혼은 두 남녀가 부모를 떠나 한 몸을 이루는 것이다. 먼저 부모를 떠난다는 말에 주목할 필요가 있다. 정신적으로 부모의 간섭과 지도를 받으며, 경제적으로 부모의 지원을 받으며 살던 그 방식을 떠나 독립적인 가정공동체를 만드는 것이 결혼이다. 사람으로 살아가기 위해서는 어머니 탯줄을 끊고 나와야 생명이 탄생하듯이 부부는 일과 직업을 통하여 타인의 도움 없이 자신들의 힘으로 생활해 나갈 수 있어야만 한다. 결혼 후에도 시가나 처가로부터 생활비를 얻어 생활하거나, 친정언니의 도움, 친구의 도움 등으로 살아가면 경제적인 독립이 안 된 것이므로 위기가 오면 쉽게 흔들릴 수밖에 없다.

— (판례사례 1) 아내는 신혼 초부터 아내의 언니로부터 생활비를 얻어 쓰기도 하는 등 경제적으로 어려운 생활을 하여야 했는데, 남편은 혼인생활 중 아내와 사소한 일로 다툼이 생기면 아내에게 심한 욕설을 하거나 아내를 폭행하기도 하였다.

— (판례사례 2) 남편은 아내와 혼인한 후에도 경제적으로 자립하지 못하고 부모님의 일을 도와주고 매월 100만 원 정도의 돈을 받는 생활을 하였으나, 그나마 모두 생활비에 사용한 것이 아니라 일부는 도박을 하여 탕진하였다. 게다가 남편은 술을 자주 마셨고, 아내의 뺨을 때려 고막이 터지는 상해를 입히는 등 술에 취하여 아내를 폭행한 일이 여러 번 있었다. 남편의 위와 같은 불성실한 태도로 인하여 아내는 생활비를 마련하기 위하여 횟집, 포장마차, 소규모 상점, 일수 계 등을 경영하였으나, 영업이 잘되지 않아 빚만 지게 되었다.

— (판례사례 3) 부부는 처가나 시댁으로부터 도움을 받아 일부 생활비 등에 충당하였으나, 남편의 아버지와 남편의 어머니가 각각 사망하면서 시댁의 도움을 받지 못하게 되자 부부는 생활비 등을 감당하지 못하게 되었고, 결국 위 아파트를 금 11,000만 원에 매각하고 그 중 금

6,500만 원으로 같은 동에 있는 아파트를 임차한 후 나머지 금액으로 채무를 변제하거나 생활비 등으로 소비하였다.

가정생활이 되려면 부부가 독립하여 가정의 경제문제를 해결할수 있어야 한다. 돈이 많은 시댁이나 처가에서 생활비를 보태어 준다고 하여 모든 가정의 문제가 해결되는 것이 아니다. 이 경우 결혼당사자 이외의 제3자에게 의지하는 마음만 키울 뿐 더 안 좋은 결과를가져올 수도 있다. 즉 결혼당사자 이외의 제3자의 부당한 간섭과 개입으로 혼인의 독립성에 금이 가고 허물어지는 경우가 많다. 결혼하게 되면 시가나 친정의 친척 지인들로부터 독립하여 눈치 안 보고 부부들끼리 잘 살아갈 수 있어야 한다. 그래야 자신들의 아이들도 제대로 양육할 수 있다. 투르게네프는 마치 이런 부부들의 일상을 잘 알고 있기나 한 듯 불안한 혼인의 일상에서 돌이 부럽다며 노래하고 있는 듯 들린다.

가련하구나, 나 자신과 이 땅의 모든 사람들과 짐승과 새들. 목숨 있는 모든 것들이. 하지만 나에게도 부러워하는 것이 있다! 그래. 나는 무정한 돌을 부러워한다. 진정으로 돌을!

(뚜르게네프, '나는 가련하게 생각하노라' 중에서)

생활비, 가정을 굴러가게 하는 동력

결혼생활에 있어서 생활비는 중요하다. 생활비는 가정을 유지하게 하는 피와 같은 것이다. 아이들을 키우는 일, 주변 지인들과 관계하는 일이 그냥 이루어지는 것이 아니다. 어릴 적에 어머니를 따라 동네 마실을 가면 아주머니들이 모여서 하는 말이 "서방이 생활비라도 가져오니 살지 생활비를 안 갖다 주면 당장에라도 못살지! 뭣 땜에 내가 살아?"라며 푸념들을 늘어놓는 것을 자주 들은 적이 있다.

결혼생활 중 생활비를 비정상적인 방법으로 조달할 때와 생활비를 가지고 아내의 행동을 통제하는 수단으로 삼으면 부부관계에 문제가 생긴다. 예를 들어 대출을 받아 생활비를 마련하거나 대학생 자녀의 학자금대출로 생활비를 조달하는 경우도 있다. 좀 나은 방법으로는 남편이 아내에게 식당을 개업해주고 생활비를 벌어 쓰라고 하는 경우다. 하지만 식당운영이 잘 안 될 경우에는 생활비를 주어야 하는데 식당을 개업해 주었다는 핑계로 더는 생활비를 줄 수 없다고 우겨서 부부 사이에 금이 가는 경우도 있다.

생활비에 관해서 가장 바람직한 방법은 부부가 공동으로 생활비를 조달할 수 있다면 좋을 것이다. 신뢰성 있게 한결같이 생활비를 주는 대신 생활비를 가지고 치사하게 굴면 아내들은 분노한다.

생활비를 주다가 안 주나가 하거나, 가계부를 쓰는 조건으로 생활비를 주거나, 생활비 쓴 것을 조사하고 감시하는 경우, 남편이 판단하여 성과급식으로 주거나, 살림을 못했다고 감액하는 경우, 헤프다며 신용카드로 통제하거나, 자신은 외제승용차를 구입하는 등 아무런 제한 없이 돈을 쓰면서 살림을 못한다며 생활비를 감액하고 그 이유를 적은 종이를 집 안에 두는 경우, 생필품을 직접 구입해 주거나 일주일 단위로 생활비를 지급하는 등의 처신이 문제다.

— (판례사례 1) 남편은 아내에게 위 사업자금을 대주면서 앞으로 가족의 생활비는 아내가 위 음식점을 운영하여 버는 돈으로 모두 충당하고 남편은 세금이나 자녀들의 학비만을 부담하기로 아내와 약정하였고, 남편은 아내와의 위 약정에 따라 생활비를 일체 지급하지 아니하였다.

— (판례사례 2) 남편은 아내에게 아주 적은 액수의 생활비를 주다가 아내가 말을 듣지 않는다는 이유로 생활비 지급을 중단하기도 하였고, 반드시 가계부를 쓰도록 하면서 그 내용까지 일일이 검사하며 트집을 잡

기 시작하였다. 아내가 남편에게 생활비를 달라고 하면 남편은 아내에게 욕설하면서 생활비를 주지 않는 적도 많았는데, 정작 자신은 외제승용차를 구입하였다.

— (판례사례 3) 남편은 자신의 월급이 입금되는 통장을 아내로부터 받아 이를 관리하다가 그 통장을 아내에게 돌려주었는데, 언젠가부터는 아이들의 교육에 관하여 아내가 자신의 뜻에 어긋나게 잘못하였다는 점을 지적하면서 이를 이유로 생활비나 아이들의 학원비 등을 일정 액수씩 감액하여 아내에게 주었고, 그러한 감액 내용을 종이에 써서 집 안에 두기도 하였다.

위와 같이 생활비를 통제하는 남편의 행동은 아내의 경제관리 능력을 불신하는 것이기도 한데, 경제적으로 절약하게 하려고 하는 것이라면 그 목적을 달성할 수 없을 뿐 아니라 아내와 갈등만을 키우게 된다. 식구들을 위해 생활할 수 있는 생활비를 주고, 될 수 있으면 간섭하지 말아야 한다. 시시콜콜 간섭하면 사람이 스트레스를 받게 되고, 잔소리하는 남편의 눈치를 보며 점차 활기를 잃고 무능한 사람으로 변해버린다. 남편이 절약을 강조하는 것도 좋지만 결국 가정 살림살이를 아내에게 맡겼다면 아내가 주관하도록 해야 한다.

서민들은 형편이 어려워 직장에서 잔업에 특근을 마다치 않는다. 휴일에도 근무를 자청한다. 그래도 오르는 전세금, 아이 교육비를 감당하기에는 턱없이 부족하다.

일주일째 아빠 얼굴을 못 보더니,
오늘 저녁에 꼬옥 아빠를 보고 잔다고
색칠놀이 그림그리기로 잠을 쫓기에
내일은 일요일이라 아빠랑 놀러 가자고 달래 재웠다며

아내는 엷게 웃는다

올해도 임금은 오르지 않고

주인네는 전셋돈을 50만 원은 더 올려 달라 하고

이번 달엔 어머님 제사가 있고

다음 달에 명선이 결혼식이고

내년엔 우리 민주 유치원도 보내야 한다

(박노해, '휴일특근' 중에서)

위의 시에서 보면 가상인 아버지가 살기에 바빠서 아이들과 놀아 줄 시간적인 여유가 없다. 별을 보고 나가 사람과 일에 치여 다니다가 집으로 돌아오면 아이는 잠을 자고 있어 자는 아이의 모습을 안타깝게 바라볼 뿐이다. 집세는 물가가 따라갈 수 없을 정도로 오르고, 월급은 늘 푼수가 없다. 왜 그렇게 집안이나 지인들의 행사는 많은지 눈만 뜨면 돈 나가는 구멍들이 여기저기 입을 벌리고 있다. 벌기는 힘들고 쓰기는 쉽고 돈 모일 날이 없다. 경제문제는 결혼한 부부들에게 있어 최대의 관심사다. 생활비가 없다면 가족들이 살아갈 수 없어서 부부들은 생존 앞에 악착같기만 하다. 새벽시장에 나가 보면 좌판을 벌여 놓고 새벽을 깨우며 살려고 고함지르고 다투기도 하는 사람들의 치열한 삶을 보고 자극을 받는다. 가족들을 위하여 쓸려 내려가는 썰물마저도 잡고 안 놓을 그 악착같은 모습을 보며 느슨해진 내 삶을 다시 추스르게 된다.

외로울 때는

협궤열차를 생각한다

해안선을 따라 삐걱이는 안갯속

차창을 때리는 찬 눈발을
눈발에 묻어오는 갯비린내를

답답할 때는
늙은 역장을 생각한다
발차신호의 기를 흔드는
깊은 주름살
얼굴에 고인 고단한 삶을

산다는 일이 때로 고되고
떳떳하게 산다는 일이
더욱 힘겨울 때

괴로울 때는
여인네들을 생각한다
광주리 속의 물고기 같은
장바닥 여인네들의 새벽 싸움질을
밀려가는 썰물도 잡고 안 놓을
그 억센 여인네들의 손아귀를

(신경림, '외로울 때', 전편)

배우자의 직업은 이래서 중요하다

일과 직장의 문제와 결혼생활
은 분리할 수 없이 서로 영향을 준다. 사람은 자신이 하는 일과 직업
을 통하여 헌신하게 되며 사람의 정체성은 어떤 일과 직업을 가지고
있느냐에 따라 파악되기도 한다. 일과 직업은 결혼생활의 여러 면에
영향을 미친다. 그러므로 부부는 직업과 일의 선택과 그 결정과정에
서 상의하고 협력해야 한다.

문명의 발달과 더불어 도시에서 전문직 종사자와 자영업자의 이
혼율이 점차 높아져 왔고, 오늘날도 거의 비슷한 양상을 보이고 있

다. 일과 직업을 영위하는 데 있어 다음과 같은 근무행태가 이혼을 촉진하는 것과 상관관계가 있다. 먼저 결혼생활에서 잦은 발령과 부부가 함께 지내지 못하게 되면 문제가 생긴다. 교사와 같이 남을 늘 가르치는 직업이나 실적을 강요하는 직업도 문제가 된다.

잦은 발령으로 이사해야 하는 일은 부부들에게 큰 스트레스다. 그 핑계로 남편 따로 아내 따로 살게 되면 관계가 풀어진다. 이사를 한다면 아이들은 전학을 가야 하고 새로운 곳에 적응해야 하는 문제도 있으며, 배우자 역시 친분을 쌓았던 사람들과 멀어지게 되는 등 삶의 기반을 상실하게 된다. 남편이 자리를 잡지 못하고 몇 년에 한 번씩 직장을 따라 이곳저곳 옮겨 다니는 문제로 생활의 불안정을 호소하는 사람들이 많다. 직장관계로 부득이하게 이사하더라도 상의해서 불편할 경우 다시 돌아올 수 있다는 여지를 만들어 놓고 이사를 해야한다. 그게 아니고 무조건 이사를 강제하거나 배우자와 떨어져 지내기로 하는 것은 좋은 방법이 아니다.

오늘날에는 아내가 직업적으로 남편보다 급여가 월등하여 아내의 직장을 따라 남편들이 이사하는 경우가 늘어나고 있다. 외국은 대개 아내가 남편의 월급보다 40% 이상을 더 받을 때에는 남편이 아내를 따라 이사하는 것으로 알려졌다. 돈 잘 버는 아내가 늘어남에 따라 남편들은 가정에서 가사를 돌보며 아내의 승진이나 인사이동 시 같이 따라다니는 것이다. 종전처럼 아내가 남편을 따라 이사를 하거나 남편이 아내를 따라 이사를 하거나 어느 경우이든 배우자의 직장과 관련하여 이동이 있으면 서로 상의해야만 한다.

밤을 따로 보내는 직업도 문제가 있다. 전국 현장을 누비는 건설 및 항공 관련 종사자, 선원 같은 경우가 그 예다. 비행기를 타고 지방이나 외국으로 다니는 직업도 남들이 보면 화려하고 좋게 보여도 집에서 홀로 남아 배우자가 돌아오기를 기다리는 것은 쉬운 일이 아니다. 집을 자주 비우는 문제로 불화가 심각해질 경우 부부가 상의하여 내근직 등으로 자리를 옮기거나 아니면 직업을 바꾸는 것도 갈등을 해결하는 방법이다. 택시기사처럼 운전을 직업으로 할 때에도 스트레스가 누적되어 스트레스 해소를 위해서 술을 마시고, 고스톱을 칠 때 집에서 남편이 돌아오기를 기다리는 아내는 바람을 피우기도 한다. 배우자의 직업은 결혼생활에서 중요한 의미가 있을 수밖에 없다. 남편이 제대로 된 직장이 없거나 일의 성격상 외지로 나가 떠돌아다니다 보면 아내가 안정을 취하지 못하고 방황하게 되는 안타까운 경우들도 종종 생기게 된다. 결혼생활을 하면서 주변환경이 중요한 것은 재론의 여지가 없다.

> 그 유월에 아들을 잃은 밥집 할머니가
> 넋을 잃고 비를 맞는 장마철
> 서형은 바람기 있는 여편네 걱정을 하고
> 박 서방은 끝내 못 사준 딸년의
> 살이 비치는 그 양말 타령을 늘어놓는다
>
> (신경림, '장마' 중에서)

공사판 인부들이 장마로 일손을 멈추고 밥집에 모여 앉아 한잔하면서 남편이 오래 집을 비운 사이 집에 남아 있는 바람기 있는 아내를 걱정하는 장면이다. 먹고살자니 달리 배운 기술도 없고, 직장을 바꾸자니 그렇고 이런저런 고민을 하면서 전국으로 옮겨 다니는 사람들이다. 사람은 환경의 지배를 받기 때문에 배우자 간에 느슨한 틈이 생기면 남편이든 아내든 다른 마음을 먹기 쉽다.

항상 모범적이고 옳은 소리를 해야 하고, 근엄해야 하는 교사나 성직자 같은 경우에도 본인뿐만 아니라 배우자나 가족에게 자신의 삶을 살지 못하게 희생을 요구하기도 한다. 목회자가 가정에서 배우자나 아이들에게 가혹할 정도로 완전한 생활을 하라고 요구하는 경우 가족들이 힘들어 한다. 배우자에게 자신의 삶보다도 목회자 사모의 의무를 지나치게 요구하거나 아이들에게 일상생활이나 학업에서 모범적인 태도를 강요하다 보면 가족들의 마음에 깊은 상처를 주기도 한다. 강단에서는 하나님의 사랑과 은혜를 늘 강조하면서도 가정에서는 폭군으로 군림하는 모습을 보일 수도 있다.

학교교사는 누구한테 가르침을 받거나 통제를 받기보다는 학교에서 어린아이들에게 늘 가르치고 지시하다 보니 그런 태도가 자연스럽게 몸에 배 가정에서도 배우자에게도 가르치려 들고 자신의 말에 고분고분 따라 주기를 바라는 경우가 많다. 이런 교사를 결혼생활의 배우자로 맞아들이고자 하는 사람은 아마 한 사람도 없을 것이다. 교사라는 것은 어디까지나 직업이다. 집에 돌아와 집안에서까지 이런 태도가 이어진다면 상대배우자는 몹시 피곤해하며, 무시당한다는 생각을 하게 된다. 특히 자유로운 영혼을 중시하는 예술가들은 질색한다.

실적을 채우기 위하여 친지와 지인들을 끌어들이고 자기 돈까지 채워 넣어야 하는 보험외판원, 다단계판매원 등은 주변의 인간관계를 멀어지게 하고 카드를 남발하는 등 경제적인 손실도 가져오는 경우가 많다. 그리고 술집, 모텔, 퇴폐이발소나 안마시술소, 일수놀이와 같은 일도 돈을 벌지는 모르지만, 자식을 교육하는 데 어려움이 있으며 부인이나 남편이 다른 사람과 불륜에 빠지는 등 주변환경으로 가정을 제대로 지킬 수 없는 여건을 가지게 되는 경우가 많다.

이혼사례를 보면 부부가 붙어서 온종일 혹사당하는 직업을 가지는 것도 결혼생활에는 좋지 않은 것 같다. 부부가 이른 아침부터 밤 늦게까지 함께 일하는 경우 가정을 지켜나가기가 쉽지 않다. 이런 일을 하게 되었을 때에도 직장과 일로부터 가정을 지킬 수 있는 대책을 세워 실천해 나가야 한다.

— (판례사례 1) 남편은 혼인 이전부터 현재까지 모 개발 회사 근무하고 있는데, 직장 특성상 지방 현장에서 근무하는 경우가 많아서 큰딸이 초등학교 고학년 무렵 주말부부로 지낸 시간이 많았다. 이때 아내도 혼인 전에 종사하던 여행사 관련 일을 시작하다가 여행사를 설립해 운영하면서 국외출장 등으로 가정을 비우는 경우가 많아졌다.

— (판례사례 2) 남편은 거제도로 발령이 났고, 아내는 아이들도 아직 어리니 같이 내려가자고 하였는데, 남편은 실제로는 머리숱이 많지 않은 아내가 창피해서 혼자 내려가고자 했음에도 아이들이 경상도 사투리를 쓰는 것이 싫다는 핑계를 대며 끝내 남편 혼자 내려갔다. 또한, 남편은 아내와 싸울 때마다 지루성 피부염으로 머리숱이 많지 않은 아내의 머리를 문제 삼으면서 트집을 잡았다.

— (판례사례 3) 아내는 남편과 남편의 전처 사이의 자녀 두 명을 데리고 혼인생활을 시작하였다. 남편은 선원으로 일하면서 집을 떠나 있는 경우가 많아 한 달에 한두 번 정도 집에 들렀고, 생활비를 정기적으로 보내왔으나 부족하여 혼인생활의 어려움이 많자 아내가 이를 견디다 못해 서울에 있는 친정집으로 잠시 돌아갔었던 적도 있었다.

— (판례사례 4) 남편은 개인택시운전을 하면서 생계를 꾸려 왔는바 영업을 위하여 오후에 출근하였다가 새벽에 퇴근하는 생활을 하였고 아내는

남편이 일하는 밤 동안 일주일에 두 번 정도 친구들과 어울려 이른
바 고스톱놀이를 즐기고 있었다.

— (판례사례 5) 남편은 결혼 전부터 모 공조주식회사에 근무하면서 주·야
간 교대근무를 하고 있는데, 아내는 남편이 야간근무를 하는 날이면
어린아이들을 재워놓거나 아이들이 잠든 틈을 이용하여 밤에 외출하
였다가 새벽에 들어오는 외출, 외박을 자주 하였고, 정모라는 남자와
수시로 통화하고 만나면서 밤에 함께 지내는 날이 많았다.

제대로 된 직장을 가지지 못하면 먹고사는 일에 소홀해질 수밖에
없으며 불안정한 직업으로 결혼생활을 망치는 경우도 허다하다. 사
람이 삼시세끼 먹고사는 일이 어떻게 보면 시시한 일 같은데도 그것
이 사람 생각처럼 그렇게 쉽고 간단한 일이 아니다. 입에 풀칠하기
위해 사람들은 얼마나 자주 사망의 골짜기를 헤매며 방황해야만 하
나? 어떤 때는 사람으로 태어난 일이 진저리가 쳐지는 날들이 또 얼
마던가. 나는 괜찮지만, 배우자와 아이들은 또 어찌 되는가. 이런저
런 생각을 하다 보면 우리의 관심은 먹고사는 직업과 일에 혈안이
되고 집중이 될 수밖에 없다. 결혼생활을 하면서도 삶의 품위를 잃
지 않고 살 수 있다면 얼마나 좋을까. 어떤 일을 하면서 살더라도 긍
정적이며 감사하는 자세로 살아감으로써 삶의 힘과 윤기를 잃지 말
아야 할 것이다.

상의하라, 투명하게 하라, 정직하게 하라

돈 문제에 관하여 부부는 상호 투명하고 정직해야 하며 어떤 일을 하든지 공동으로, 상호 간에 합의를 통해서 하는 것이 좋다. 물론 그렇게 하다 보면 배우자가 반대해서 하고 싶은 일을 못하게 되는 때도 있으나, 상대가 원치 않으면 그 어떤 경제행동도 하지 않는다는 원칙을 세워두는 것이 원만한 부부관계의 유지를 위한 첩경이다.

경제문제로 갈라서는 부부들에게는 몇 가지 잘못된 경제행위의 유형이 있음을 알 수 있다. 배우자에게 심한 낭비벽이 있는 경우나 그와 반대로 지나치리만큼 절약을 요구하는 경우에 문제가 된다. 배우자의 동의 없이 고가의 물건을 구매하거나 임의로 빚을 내어 투자해서 낭패를 보는 경우, 그리고 점포를 마음대로 여는 경우 등이다.

이런 일방적인 행동은 어릴 때 가정교육과도 관련이 있다. 자랄 때 부모가 자식이 요구하는 것을 필요에 따라 제한하지 않고 무엇이든 다 들어주면 그 자식은 나중에 커서 낭비가 심한 사람이 된다. 원한다고 하여 그 욕구가 바로 채워지면 얻은 물건에 대한 소중함이나 감사함을 몰라 낭비하는 습관이 형성된다.

연애할 때도 마찬가지다. 애인이 원하는 것을 무엇이든 다 선물해주면 높은 기대를 형성하는 것 때문에 나중에 나쁜 배우자를 만들 수도 있다. 자기 마음대로 욕구를 채워서는 안 되며 자신의 욕구를 적절하게 제한할 줄도 알아야 한다. 그렇지 못하면 결혼해서도 과소비를 하게 되고, 지출을 통제하려고 해도 통제가 잘되지 않는다는 한심한 변명을 늘어놓게 된다. 요즘 편리한 카드가 있어 무이자 행사 등의 영향으로 대수롭지 않은 듯 카드를 긁어 대기도 한다. 현금으로 거래하는 것보다 카드로 결제하는 경우 30% 이상 과소비하게 된다는 보고가 있다. 배우자 일방이 낭비벽이 심하다고 비난하며 같이 낭비하게 되면 그 집은 금방 거덜이 날 것이다. 부부는 균형을 이루어야 한다. 한쪽이 낭비하면 한쪽이 절약해야 살아갈 수 있다.

이와는 반대로 배우자 일방이 지나치게 절약을 해서 꼭 필요한 의식주에 관련한 지출에도 인색하다면 이 또한 상대배우자에게는 스트레스가 아닐 수 없다. 아내는 남편이 지나치게 절약을 강조하면 배우자의 말을 들어주는 것보다 이와는 정반대로 행동하는 경향이 있다. 남편의 이야기를 잔소리로 여기고 반발심리가 생긴 까닭이다.

결혼생활 중 부부 두 사람이 축적한 재산의 소유는 어떻게 되는가를 생각해 본 일이 있는가? 부부들이 혼인 중에 취득한 재산은 부부의 공유로 추정하고 있어 누가 벌었다고 하더라도 그건 역할분담의 결과이며, 상대배우자의 희생과 헌신 위에서 이루어진 것이라고 보게 된다.

따라서 부부는 경제생활에서 배우자와 상의해야 할 일이 있으면 반드시 상의하여야 한다. 혼자 결정하는 것은 곤란하다. 마음대로 자동차를 사고, 고가의 모피를 구매하는 등의 행위는 싱글일 때나 하는 소비행태다. 배우자의 동의 없이 사고파는 것을 자기 편리한 대로 하는 배우자가 있다면 그 사람은 가족을 고생시킬 이기적인 독재자일 가능성이 높다.

마음대로 보증을 서고, 자기 여동생 앞으로 점포를 얻어 주고, 남동생 앞으로 부동산의 명의를 이전해 주고, 집에 은행 저당을 설정하며, 고액의 예금을 임의로 인출하는 등의 행위와 같은 것들이다. 동의 없이 호프집을 내고, 식당을 개업하는 행위도 마찬가지다. 이런 직업은 얼마나 일손이 많이 가고 힘이 드는 일인데 배우자와 상의 없이 시작할 수 있겠는가. 은행에 빚을 내어 사업하거나 주식투자를 하거나 낭비를 할 때에도 마찬가지로 분란이 일어난다.

― (판례사례 1) 남편은 미8군에 복직되었는데, 그동안 생활비로 빌린 돈을 갚으려 하지는 않고 자신이 쓰기 위해 롤렉스시계, 가방, 금 뺏지 등 고가의 물건을 구입하였고, 아내와 상의하지 않고 아파트를 담보로 5,500만 원 정도를 대출받아 시어머니가 소유하고 있던 기장군에 3층 규모의 주택을 건축한 뒤 남편 자신의 어머니 앞으로 소유권 보존등기를 마쳤다. 나아가 남편은 이 사건 아파트 담보대출금의 이자가 늘어나 대출금이 1억 원 정도가 되었음에도, 다시 이 주택을 담보

로 하여 자신의 어머니 명의로 7,000만 원 정도를 대출받아 위 주택에 들여놓을 가전제품과 가구 등을 구매하였다. 그런데 남편은 다시 아내와 상의하지 않고 자동차를 여동생에게 준 뒤 3,000만 원이 넘는 SUV 자동차를 구매하고, 가지고 있던 돈을 털어 침대, 천막 등을 구매한 데에서 나아가, 대형 창고를 짓고 농기계를 구매할 계획을 세웠고, 이에 아내는 남편의 독단적 성격과 낭비 때문에 남편과 함께 노후를 보낼 수는 없다고 판단하고, 혼자 서울로 올라와 막내딸과 함께 지내왔다.

— (판례사례 2) 남편은 아내와 충분한 상의도 없이 후기 개시운장을 운영해 보겠다면서 강원도 철원군에 밭을 구매한 후 그곳에서 홀로 생활하며 현재까지 4년 가까이 집에 들어오지 않고 있을 뿐 아니라 아내와 아이들에게 생활비 또는 양육비 등을 전혀 지급하지 않고 있다.

— (판례사례 3) 아내는 자신의 명의로 되어 있는 이 사건 아파트를 담보로 대출받아 레스토랑을 운영하였으나, 장사가 잘되지 않아 채무만 남기고 처분하였고, 그 후 빚으로 갈빗집을 시작하였으나 수익 없어 폐업하였다. 아내는 마이너스 통장을 만들어 약 1년 사이에 8,000만 원 정도를 사용하였고, 이 아파트를 보증금 16,000만 원에 전세를 놓아 그 보증금으로 마이너스 통장의 대출금을 변제하였으며, 이 사건 빌라에 입주해 있던 임차인의 보증금 5,000만 원을 반환해 주고 내보낸 뒤 빌라 내부를 수리하여 이사하였다. 아내는 집을 나온 이후에도 아파트를 담보로 금고에서 3,000만 원을 대출받아 생활비 등으로 사용하였다.

— (판례사례 4) 남편은 귀국하였다가 같은 해 7월 미국으로 돌아간 후 아내가 시동생과 바람을 피웠다며 아내에게 이혼을 요구하였고, 같은 해 부부공동명의 계좌에서 250,000달러를 인출하여 남편 형님의 계좌로 송금하고 같은 날 자신의 모든 재산을 형님에게 신탁한다는 내용

의 유언장을 작성하기까지 하였다.

연구결과에 따르면 돈을 공동으로 관리하거나 각자 관리함으로써 부부 사이에 느끼는 만족도에 차이가 없다고 한다. 하지만 부부가 노력하여 얻은 재산을 배우자 일방의 명의로 해 놓고 그것을 마음대로 처분한다면 문제가 된다. 특히 우리나라와 같이 부부별산제도 하에서는 명의자가 그 재산을 단독으로 처분할 수 있으므로 재산의 명의가 부부 중 누구에게 있느냐 하는 것이 중요하다. 그래서 우리나라 실정으로 볼 때 재산의 명의는 부부 공동으로 하는 것이 바람직하다. 어떤 남편들은 이런 불안한 아내의 마음을 읽어 모든 재산의 명의를 아내에게 이전해주기도 하지만 이것 역시 권장할 일은 아니다. 좋든 싫든 한쪽으로 지나치게 기울면 문제가 생기게 마련이다.

은행통장도 신속한 거래의 안전을 해치는 예도 있겠지만, 미국의 경우와 같이 부부공동명의로 통장을 개설해 주면 명의자 일방이 일방적으로 인출할 수 없다. 부동산도 배우자가 있을 때는 부부공동명의로 할 경우가 아니면 등기신청을 받아 주지 않는 방법도 생각해 볼 필요가 있다. 현재는 명의를 가진 배우자 일방이 동의 없이 처분하더라도 어떠한 제한도 없다. 경제적인 결정권은 공동으로 내리며 합의가 안 되면 즉시 그만둔다는 원칙을 만들어 실천하는 것을 권하고 싶다.

Rule of thumb

가정에서 배우자에 의하여
이루어지는 폭력으로 이혼하는 경우는 동서고금을 통해 늘 있는 일
이다. 가정폭력에 있어서 남자들은 비교적 너그러운 취급을 받아온
역사를 볼 수 있다. 남편에 의한 가정폭력은 어느 정도 묵인되어 오
다가 19세기에 들어와 제한의 움직임이 커지고 있다. 남녀가 만나서
가정을 이루고 사는 동안 가정폭력이 이혼사유에서 빠지는 경우는
과거에도 없었고 아마 미래에도 없을 것이다.

주변을 둘러보면 결혼 초기 5년 정도까지는 싸우며 폭력을 행사하는 것을 볼 수 있는데 주로 힘이 센 남자가 약한 여자를 폭행하는 것이 일반적인 모습이다. 아이러니하게도 이것은 결혼으로 편안한 관계가 되기에 생겨나는 결과이기도 하다. 편해지면 상대를 괴롭히게 되어 있는 것이 인간의 한계인 모양이다. 하지만 어느 정도 결혼생활을 해 나가면서 배우자에 대한 연민과 자신의 행동에 대한 반성이 뒤따르면서 폭력을 행사해서는 안 된다는 자각이 생긴다. 이러면 다행이지만 계속 폭력이 근절되지 않아 불행하게도 이혼에 이르는 경우도 많다.

근세 서구에서는 폭력을 행사할 때에라도 상대방 배우자에게 피를 부게 하거나 엄지손가락 굵기 이상의 막대기를 사용하여 폭력을 행사 것을 금지하는 역사가 있었다(Rule of thumb). 우리나라 조선시대에는 아내가 남편을 단순히 폭행만 하여도 이혼을 할 수 있었지만, 남편은 아내를 폭행하여 골절에 이를 경우에만 이혼을 허용하여 남편들의 폭력에 대해서는 비교적 관용하는 태도를 보인 역사가 있었다. 오늘날에는 배우자 간 사이에 있어서도 폭력은 어떤 이유로든 합법성이 인정되지 않는다. 가정문제에서 폭력은 문제를 해결할 수 없으며 오히려 문제를 어렵게 만든다.

폭력의 방법에는 정서적, 언어적 폭력을 사용하는 경우와 물리적 폭력을 행사하는 경우가 있다. 어느 경우나 불행하게 끔찍한 일이다. 폭력은 상대방을 공격적으로 학대하는 것이다. 당하는 입장에서 볼 때에는 어떻게 하든 이런 사실을 주변에 알려서 다시는 폭력을 할 수 없게 할 필요가 있다. 만일 만취해서 폭력을 일삼는 경우라 하더라도 당시 폭력현장을 촬영해 둔다든지 하여 맨정신이 되었을 때 보여주고 반성의 기회로 삼도록 해 주어야 한다.

최근에는 세태의 변화를 반영하듯 거꾸로 아내들이 남편에 대하여 폭력을 행사하는 일이 많아지고 있다. 가정에서 폭력을 행사하는 배우자는 미성숙한 사람이며, 일종의 성격장애로 볼 수 있을 것이다. 자기의 분노를 폭력으로 해결하면 그때 그 당시에는 문제가 해결되는 것으로 보일지 몰라도 당하는 상대방은 정서적으로 망가져 사람으로서의 제대로 된 삶을 살아갈 수 없다. 폭력을 행사하는 사람은 폭력을 당하는 사람의 고통이 얼마나 큰지를 모른다. 폭력을 당하는 사람은 위축되어 자신감을 상실하고 아픈 기억의 감옥 속에서 빠져나오지 못하는 경우도 많다.

거의 모든 이혼사건에서 주로 남편이 아내나 아이들에 대하여 폭력과 상해를 입히는 것을 볼 수 있다.

— (판례사례 1) 아내는 다단계 의류판매 회사에 근무하게 되었는데, 하루는 남편에게 '회사일로 서울에 갔다가 남편의 형 집에서 하룻밤을 묵고 다음날 귀가 하겠다.'라고 이야기한 후 외출하였다. 남편은 그날 아내의 휴대폰으로 수차례 연락을 하였으나, 아내가 휴대폰을 받지 아니하고 새벽에야 남편의 형 집에 들어왔으며, 다음날 귀가한 후에도 이에 대하여 별다른 해명이나 사과를 하지 아니하자, 발로 아내의 온몸을 걷어차고 당구채로 아내의 무릎 위를 20여 차례 때려 아내에게 좌측 대퇴부 피부괴사 등 약 35일간의 치료를 요하는 상해를 가하였다.

— (판례사례 2) 아내는 직장암 진단을 받고 영구 대장 장루술을 받았는데, 항암치료는 성공이었지만, 수술로 인해 항문을 폐쇄하고 장주머니(Colostomy Bag)를 착용해야만 했다. 남편은 한동안 아내의 병간호에 관심을 보였지만, 점차 아내의 치료비가 많이 든다며 폭언과 폭행을 하였고, 술을 마시고 돌아다니면서 운영하던 민물고기 판매 점포의

영업에 신경을 쓰지 않았다. 그로 인해 아내가 민물고기 점포의 판매 수입을 빼돌리고 종업원과 부정한 행위를 한다고 의심하여 아내를 괴롭혔으며, 가끔씩 점포에 나타나 수입만 챙겨 가곤 하였다. 심지어 남편은 화를 내며 가재도구를 부수는 등 행패를 부리다가 아내가 수술받은 부위를 구타하여 응급차로 병원에 후송되게 하였으며, 뇌졸중 치료를 위하여 부부의 집에 와 있던 당시 장모 앞에서도 아내에게 욕설하거나 뺨을 때리고 술을 먹고 와서는 자신의 몸에 자해하는 등 공포분위기를 조성하였다.

남편은 아내에게 왜 전화를 해도 받지 않느냐면서 휴대폰을 보여 달라고 요구하였으나 아내가 이를 거절한다는 이유로 아내의 목을 조르고 벽으로 밀어 부딪히게 하여 아내가 상해를 입고 치료를 받았다. 남편은 또 두 딸에게 물건을 집어 들고 위협하며 폭행하여 두 딸이 성인이 되자 남편의 폭행을 견디지 못하고 가출하여 따로 생활하고 있고, 아내와 두 딸을 폭행하여 가정이 파탄되게 되자 장인이 이를 막기 위하여 딸 내외의 집에 와 함께 살고 있음에도, 이 사건 소 제기 후에도 아내를 폭행하여 2주의 치료를 요하는 염좌상을 입힘으로써 이 법원으로부터 같은 해 5.31일까지 주거에 들어가지 말 것을 명하는 임시조치 결정을 받았으며, 같은 달 21일 아내와 다투어 부부 모두 기소유예처분을 받았다.

최근 한국가정법률상담소에서 상담한 100건의 가정폭력상담사례를 중 상담 완료한 66건의 분석자료를 살펴보면 폭력의 비율과 원인에 대하여 소상히 알 수 있다.

남녀별로 보면 남성이 가해한 경우는 84.8%, 여성이 가해자인 경우는 15.2%였다. 나이로는 40대 폭력이 56.1%, 50대에 의한 폭력은

28.8%로 40대 이상의 가부장의식을 가진 남자가 주로 폭력을 행사하는 것을 볼 수 있다.

가해자의 학력을 살펴보면 고졸자가 43.9%로 가장 많았으며, 대졸자가 18.2%였으며, 대학원 이상은 1.5%에 비율로 폭력과 학력은 어느 정도 상관관계가 있음을 알 수 있다. 직업별로는 자영업이 25.7% 가장 많았으며 다음으로 회사원 24.2%이었다. 경제력으로 보면 월수 100만 원~200만 원 미만인 경우가 27.3%로 가장 많았으며 300~500만 원 이상이 4.5%인 걸로 보아서 수입과 가정폭력 역시 밀접한 관련이 있다.

혼인상태로는 법률혼 부부 사이의 폭력이 83.3%로 단연 수위였으며, 사실혼이 9.1%인 것으로 보아서 법률상으로 결혼한 부부들의 폭력이 많은 것을 볼 수 있다.

혼인형태별로는 남자 여자 초혼이 68.2%로 가장 많았다. 동거기간별로 보면 10년 이상~20년 미만이 34%, 20년 이상~30년 미만이 21.3%여서 이를 합치면 전체의 55.3%를 차지한다. 역시 혼인기간이 길수록 나이가 많고 가부장적이어서 폭력과 상관관계가 있음을 보여주고 있다.

폭력행위의 수준은 치료일수를 알 수 없는 상해가 81.8%였으며, 1주~5주 미만의 상해도 18.2%나 되었다. 폭력의 가장 큰 원인은 배우자의 부정한 행위를 염려하는 불신이었다.

남편의 외도 때문에 아내가 남편을 불신하게 되어 부부갈등이 증폭되어 남편이 폭력행사를 한 경우가 가장 많았으며, 반대로 여성의 사회적 활동의 증가로 남편이 아내를 불신하게 되어 폭력으로 연결되는 경우도 점차 늘어나고 있다(33.3%).

두 번째로는 2000년 이후 꾸준히 증가하는 음주였다. 가정폭력행위자들은 배우자를 통제하기 위하여 술을 마시고 폭력을 함으로써 폭력에 관한 책임에서 벗어나려고 하는 경향이 있는 것으로 나타났다(23.1%). 세 번째는 경제적 갈등이었다. 살기가 어려운지 이 역시 계속 증가하는 추세다. 가정경제 생활을 하면서 상대방 모르게 경제 행위를 하거나 속이는 경우나 남편이 아내와 자녀를 지배하기 위하여 경제적인 통제를 가하는 것이 문제였다(21.3%). 마지막으로는 가부장적인 사고 등 성격차이로 인한 폭력이었다(13.9%).

무슨 이유를 둘러댄다고 하더라도 폭력을 행사하는 사람은 지탄받아 마땅하다. 화를 내고 폭력을 행사하는 일은 가정의 평화를 깨는 일이다. 서로의 차이를 배척하거나 제거하려고 하지 말고 그 차이점을 인정하고 상대방을 이해하는 마음을 가져야 한다.

앞서 언급한 바와 같이 조선시대에도 이혼규범으로 사용했던 대명률에도 부부 사이의 폭행과 상해를 의절로 삼아 이혼을 시켰다. 즉 남편이 아내를 폭행하여 골절 이상의 중 상해를 가하거나, 반대로 아내가 남편을 구타할 경우도 이혼사유로써 반드시 이혼하여야 하며, 이혼하지 않으면 장 팔십의 형을 받게 했다. 이혼을 될 수 있는 대로 허용하지 않으려고 했던 조선시대에도 부부폭행을 금수만도 못한 일로 여겨 법정이혼사유로 삼고, 국법에 따라 강제적으로 이혼을 시켰음은 의미하는 바가 크다. 부부간에는 폭행이나 상해는 짐승만도 못한 일로 여겨 가정에서의 폭력과 상해를 강력하게 금했던 것이다.

주변을 둘러보면 남편으로부터 얻어맞고 칼부림을 당하고 사는 아내들을 볼 수 있다. 이를 지켜보는 부모나 가족들로서는 가슴 아픈 일이다. 허구한 날 때리고 칼을 들고 위협하는 가운데 살다 보면 아내나 아이들이 온전할 수 없고 영혼과 육신이 모두 병들게 되어 있다.

부부는 살면서 때로는 격하게 싸울 수도 있다. 하지만 부부가 싸우는 것은 앞으로 잘해보자는 몸부림이어야 하며, 습관적으로 학대하거나 배우자에게 상해를 입히는 정도의 폭력이 있어서는 안 된다. 싸우더라도 항상 화해할 수 있는 여지를 남겨 두라. 사람으로 하여금 수치심을 느끼게 하는 폭력은 스스로 삼가라. 만일 그렇게 되면 상대는 신체적, 정신적인 장애로 부부생활이라는 무대에서 자신에게 주어진 역할을 감당할 수 없게 된다. 우리는 서로 사랑했기에 잘 살아보자며 만난 사이 아닌가. 한때는 나의 모든 것이었던 백마 탄 왕자님이고 공주님 아니었던가. 그런데 무엇 때문에 우리는 이렇게 미치고 말았는가. 결혼은 사명이다. 더러는 힘든 길이지만 당당하게 풀어나가야 할 숙명이기도 하다. 오봉옥의 시를 읽다 보면 왠지 부부들이 산다는 것이 이런 것이지 하는 생각이 들어 눈물이 난다.

밤새 이놈 저년하고 쌈박질하다가
살을 섞는다
깨진 살림살이 곁 지친 잠에 떨어진 딸년도 밀어놓고
단칸 셋방에 눈물로 눈물로만 누워
전설같이 살을 섞는다

(오봉옥, '살다가' 중에서)

속 옷 검사하는 남편

정신적인 질병이 이혼의 원
인이 되는 역사는 동서고금을 통하여 발견된다. 이혼이 어렵던 조선
에서도 악질(惡疾)이라고 하여 치유하기 어려운 질병에 대하여 이혼
사유로 삼았고, 그 이전 중국의 당나라 시대에도 이혼사유가 된 역사
를 볼 수 있다. 서구는 종교적인 이유로 간음 이외에는 이혼을 좀체
인정하지 않으려고 했던 것이 루터교를 신봉하던 독일의 프로이센에
서 19세기 중반에 이르러 정신병을 이혼의 사유로 인정하게 된다. 서
유럽의 이혼사에 있어서는 불치의 정신병을 이혼의 사유로 인정하되
그 초기에는 정신병이 3년 이상 지속하는 때에만 이혼의 사유로 삼

왔다. 이것은 우생학적인 이유에서 이혼사유로 추가된 것인데 19세기 말엽부터 시작된 일이다. 우리나라는 이혼사유 중 불치의 정신병은 '기타 혼인을 계속하기 어려운 중대한 사유'에 해당하며 병을 앓았던 기간은 이혼을 판단할 때 참작 사유가 된다.

오늘날 이혼사례를 보면 결혼생활에서 질투성 망상장애라고 불리는 의처·의부증 그리고 우울증이 흔히 문제가 되고 있다. 의처·의부증은 망상성 장애라고 불리는데 대개 정신분열과 같이 환청이나 환각증상이 거의 없고 감정의 양상도 큰 무리가 없다. 사회활동에도 지장이 없어 보이나 시간이 갈수록 약간씩 인격의 붕괴가 생기게 된다. 정신적인 질병에 시달리면 자신이 어려워지기 때문에 배우자나 자식들을 돌볼 수 있는 에너지가 고갈된다. 자기 혼자도 감당할 수 없게 되므로 자연스럽게 가정이 무너진다. 의처·의부증으로 인해 부부 사이가 파탄이 나는 경우는 생각보다 흔한 일로 자주 볼 수 있다.

— (판례사례 1) 부부는 혼인한 이래로, 아내에게 '당신은 처녀가 아니었다.'라고 말하고, 아내가 첫째 아이를 임신하자 '내 아이가 아닌 것 같다.'라고 하며 아내를 의심하고 괴롭혔다. 남편의 의처증은 이후 더욱 심해져, 하루에도 수십 차례씩 아내에게 전화하여 행선지를 확인하였으며, 아내가 외출했다 돌아오면 번번이 '다른 남자와 부정행위를 했는지 확인해야겠다.'라며 불을 환하게 켠 상태에서 아내의 옷을 강제로 벗기고 음부 및 속옷검사를 하였다. 한편 심부름센터 등에 의뢰하여 아내를 미행하고, 아내의 승용차의 주행거리를 확인하기도 하였으며, 아무런 근거 없이 '아내가 형부하고 부정한 행위를 하였고, 현재는 같은 학교의 교직원과 부정한 관계를 맺고 있다고 다그

쳤다. 하루는 아내가 작은아들을 데리고 병원에서 돌아오자, 남편은 '아내가 핸드폰 전원을 꺼 놓고 전화를 받지 않았다.'라는 이유로 식탁의 국그릇을 뒤엎고, 전자레인지를 부수기도 하였다. 또한, 그 무렵 '중고차시장'에 자동차를 보러 갔다가 오자 남편은 '중고차 매매 담당자'에게 전화를 걸어 '아내가 차를 몇 대나 보고 몇 시에 떠났느냐?'라는 등의 질문을 하고, 밤늦게까지 아내의 핸드백 등 소지품을 뒤졌으며 강제로 옷을 벗기고 몸수색을 하려고 하여, 아내가 근처 지구대에 신변보호요청을 한 일도 있다.

남편은 우울증으로 인하여 매일 분에 이러하면서 수시로 술을 마시고, 술에 취하면 아내와 아이들에게 폭언하거나 폭행하곤 하였는데, 어떤 때에는 너무 심하게 폭행을 하여 아내는 아이들을 데리고 나와 여관에서 잠을 잔 적도 있었다. 남편은 우울증 증세가 점점 심해지자 치료를 받게 되었는데, 이로 인하여 회사를 사직하게 되었다. 남편은 회사를 사직한 후 주식투자를 하면서 생활하였으나 우울증으로 인하여 자살을 시도한 적도 있는가 하면 농약을 가지고 와서 가족들에게 같이 죽자고 강요하기도 하였다. 남편은 정신병원에서 입원 및 통원치료를 받았으나 여전히 가족들을 만나면 폭언하거나 폭행하였고, 이에 아내는 남편의 행위를 더는 참지 못하고 집을 나와 그때부터 부부는 별거하게 되었으며, 그 후 아이들도 남편의 폭행을 참지 못하고 집을 나와 현재 아내가 아이들을 양육하고 있다.

배우자로부터 의심, 폭력 등을 비롯해 모멸적인 대우를 받게 되면 상대방에 대한 분노, 불안, 공포가 누적되어 원형탈모가 생기는 등 신체적으로도 각종 이상 증세가 나타난다.

자신의 존재를 인정받지 못하고 가부장의식이 있는 남편 아래에서 무시와 무관심을 당하고 폭행과 협박에 시달리는 경우에 흔히 볼 수 있다. 이 경우에는 상대방에 대한 두려움 등을 극복하지 못하고 자기 자신을 부정하는 마음이 생겨나서 무능력감과 열등감에 시달리기도 한다. 자신은 이런 상황에서 벗어날 수 없으며 아무도 자기를 도와주지 않는다고 생각하며 절망감에 사로잡히는가 하면 '이렇게 살아서 무엇하나?', '아무래도 오래 살지 못할 것 같다.'라는 등 자살을 암시하는 말을 하며 자살을 시도하기도 한다.

여성은 우울증이 심할 경우 가사뿐만 아니라 육아에도 전혀 신경을 쓰지 못한다. 어린 젖먹이가 배가 고파 소리 내어 울고 있는데도 우유병이나 젖을 물릴 생각은 하지 않고 무표정하게 천장만 바라보며 옆에 누워있기도 한다. 우울증이 모든 에너지를 앗아가서 엄마의 강한 모성도 잃어버리게 한다. 불행한 일이 아닐 수 없다.

> 병든 것들은 늘 그랬다. 쉽게 칼날 같았고 쉽게 울었고
> 쉽게 무너졌다. 이미 병들었는데 또 무엇이 아팠을까. 병든
> 것들은 죽고 다시 돌아오지 않았다
>
> (허연, '지층의 황혼' 중에서)

배우자의 일방이 우울증에 걸리면 정상적인 배우자나 가족들은 우울증에 걸린 상대가 정상인이 아닌 환자라고 하는 사실을 받아들이고 배려해야 한다. 그렇지 않고 왜 너는 정상인처럼 행동하지 못하느냐며 윽박지르거나 나무라는 등의 행동은 도움이 되지 않는다. 우선 배우자가 정신질병이 있을 때 가족이 해야 할 일은 그 질병에 관하여 많이 알아야 한다는 것이다. 그리고 환자의 상태를 잘 살펴볼 필요가 있다. 치료에 도움이 될 것이기 때문이다. 조급하게 치료결과를 기대하는 마음으로 배우자나 의사를 상대해서는 안 된다. 환자에

게 일관적인 위로와 심적인 안정을 줄 필요가 있다. 그런데 실상에서는 그렇지 못한 것 같다. 환자라는 것을 인정하지도 못한 채, 그리고 환자를 배려할 줄도 모른 채 입에 칼을 물고, 눈에 불을 달고 배우자를 쫓아다니며 달음박질을 하며 모든 것을 다 태우려 든다.

정신적인 질병과 관련하여 잠시 조선시대 이야기를 해보자. 조선시대에는 언급한 바와 같이 대명률(大明律)을 의용(依用)하여 칠거지악(七去之惡, 불효, 음란, 투기, 고질병, 다언, 무자, 절도)을 이혼사유로 인정하였는데 그중 불효를 제일 중한 출처(出妻)사유로 보았다. 조선후기에는 칠거지악에 해당하더라도 삼불거(三不去)라고 하여 돌아갈 곳이 없거나, 부모의 3년 상(喪)을 함께하였거나, 조강지처일 때 이 세 가지 경우에는 출처(出妻)하지 못하게 하였다. 하지만 고치기 어려운 정신병에 해당하는 경우인 악질(惡疾)과 음란(淫亂)은 삼불거 사유가 있더라도 출처할 수 있도록 하였다. 악질을 출처사유로 한 것은 자식의 번창과 조상에 대한 제사를 드릴 수 없다고 보았기 때문이다.

결혼생활 중 배우자로 야기된 고치기 어려운 정신병 때문에 혼인이 파탄하여 이혼하게 되는 경우 민법 제840조 제6호 '기타 혼인을 계속하기 어려운 중대한 사유'에 해당되어 이혼이 인정된다. 그런데 문제는 시집이나 장가갈 때는 멀쩡했는데 결혼생활을 통하여 이러한 정신적인 질병이 생기거나 악화한 경우 문제가 심각하다. 만일 질병이 있는 측에서 이혼을 당하고 본가로 돌아올 경우 버림받았다는 아픔과 더불어 본가 식구들의 병시중 어려움과 병원비지출 등 그 고통은 이루 다 말할 수 없게 된다.

정신병으로 인한 이혼과 관련하여 재산분할을 할 때 한 가지 짚고 넘어가야 할 부분이 있다. 정신병에 걸린 배우자를 치료하기 위해 그동안 많은 치료비를 지출했으며 치료기간 동안 당연히 배우자가 재산형성에 기여할 수 없었을 것이다. 이혼으로 인한 재산분할의 경우에는 결혼생활 중 배우자 상호협력으로 이룩한 재산을 나눈다는 관점만을 중시한다. 그래서 청산적인 재산분할에 치중할 경우 우울증, 강박증 등으로 이혼을 당하는 배우자는 재산형성에 기여한 바가 없으므로 재산분할 받을 몫이 거의 없게 된다. 이런 상태에서 이혼하게 되면 처가나 시가가 잘살거나 물려받은 재산이 많지 않으면 부양을 받을 수도 없으며 치료도 받기 어려운 형편에 처하게 된다. 그러므로 정신적인 질병을 앓는 배우자의 치료와 생존을 위하여 이혼 시에 그들을 위해서 부양적인 재산분할을 해 주어야 한다.

영국이나 미국에서처럼 부양적 재산분할을 법제화하든지 아니면 일본처럼 법 규정에는 부양적 재산분할을 규정하는 명문규정이 없더라도 법원판례로서 이혼당하는 배우자 중 우울, 강박증 등 정신적 질병에 걸린 배우자가 이혼을 당할 때 그들을 위하여 부양적인 재산분할을 인정해야 할 것이다.

결합가정, 그들은 누구인가?

이혼해서 아이를 혼자 키우는 경우 불쌍하다는 생각에서 아이를 과잉보호하거나 버릇이 나쁘게 양육할 수 있다. 그러다가 덜컥 재혼이라도 하게 되면 새로운 배우자와 데리고 있던 아이들과의 갈등으로 부부생활이 어려움에 부닥치게 된다. 또한, 반대로 재혼한 배우자가 남편 혹은 아내가 데리고 온 전처나 전남편의 아이들을 학대하거나 아이들끼리 다툼이 생기는 것도 문제다.

말로 딱히 표현하기는 어려운 점이 있지만, 결합가정은 이질적인 두 가족이 재혼을 통하여 결합하기 때문에 항시 상호 불쾌감이 존재한다. 다른 한 편의 가정이 자기들에게로 침입해 들어왔다고 생각하고 경계를 하며 좋지 않은 마음을 품는 것이다. 그래서 두 세력은 계속 긴장하며 세력싸움을 통하여 상대를 분리하고 정복하고자 한다.

결합가족은 남편이나 아내로서 다투는 그 구성원들이 자신의 피붙이어서 어느 한 쪽을 떠나보내거나 매몰차게 대할 수가 없다. 상처를 받기 때문이다. 그러므로 한 쪽 가족의 구성원이 배척당하면 부부 두 사람은 함께 가정을 꾸려 나갈 수 없어 갈라서게 된다.

— (판례사례 1) 부부는 결혼식을 올리고 동거하다가 그다음 해에 혼인신고를 하였다. 남편은 전처와의 사이에 딸 장○○을 두었고, 아내와의 사이에는 자녀가 없다. 한편 아내는 박○○과 혼인신고를 하였다가 몇 년 뒤 협의이혼을 한 바 있으나, 남편에게는 이러한 사정을 알리지 않고 나이를 실제보다 4살 더 어린 것으로 자기소개를 한 상태로 결혼해 혼인생활을 하였다. 부부는 결혼하고 나서 남편의 전처소생의 딸 장○○을 고등학교 3학년부터 데리고 살았고, 아내의 모친 김○○, 동생 차○○, 조카들인 차○○, 차○○와는 결혼 당시부터 지금까지 쭉 함께 거주하고 있다. 부부는 아내의 모친과 현재까지 안정된 직장이 없이 생활하는 아내의 조카들도 사실상 부양하고 있다. 한편 아내의 모친 김○○는 술에 취한 상태에서 사위의 전처 딸인 장○○에게 '장 씨네 집 피가 더럽다.', '할아버지, 할머니가 너를 그렇게 키워서 싸가지가 없다.', '남자를 알아서 몸을 팔고 다닌다.'라는 등의 폭언을 한 적이 있고, 아내의 조카들과 차별대우를 하곤 하였는데, 아내도 이러한 사정을 알면서 이를 시정하기 위한 별다른 조처를 하지는 않았다.

— (판례사례 2) 혼인하기 전 아내는 소외 전남편 황○○와의 사이에 황○○,
황○○ 2명의 아이를, 소외 심○○와의 사이에 심○○을 각 출산하였
고, 남편은 전처 박○○와의 사이에 황○○, 황○○을 각 출산하였다.
아내는 남편과 동거하면서 위 심○○, 황○○, 황○○을 함께 돌보다
가 어느 해 가을 심○○와 남편의 자녀들이 싸우자 남편에게 화를 내
면서 (남편의 전처소생인) 황○○, 황○○와는 더는 살 수 없다고 하여
위 황○○, 황○○은 그들의 생모 박○○와 살게 되었다. 남편은 이후
버스운전기사로 일하였는데, 남편이 자주 술을 마시고 밤늦게 귀가
하는 등 가정을 소홀히 하여 아내와 자주 용심을 하며 다투었고 아
내에게 폭행을 가하기도 하였다.

입이 다물어지지 않는 이야기들이다. 결합가정에서는 아내와 남
편의 전처소생의 자녀와의 갈등으로 부부 사이의 골이 깊어져 결국
이혼에 이르게 된다. 문제는 주로 집에서 아이들을 양육하며, 부대
끼는 시간이 많은 아내와 남편의 전처소생의 아이들과의 관계에서
생긴다. 이 경우 누구의 자식이었든 간에 사람을 키우는 것은 보람
이 있다고 생각하고 살지 않으면 눈앞에 벌어지는 난관을 극복하기
가 어렵다. 다시 시작한 재혼생활이 힘들다는 것은 다 아는 사실이
지만 온갖 정성과 지혜를 다하여 한 송이 보랏빛 패랭이꽃을 피워
볼 수는 없을까?

말하지 말자 눈물겹다고도
아픔과 눈물을 보랏빛 꽃으로 피울 줄 아는
눈비 속에서 얻은 우리들의 슬기를
서로 받고 준 상처를
안개에 섞어 몸에 두르기도 하는

악다구니 속에서 배운 우리들의 웃음을

우리들의 울음을

(신경림, '난장이패랭이꽃' 중에서)

오늘날 흔한 이혼만큼이나 재혼도 늘어나고 있다. 재혼을 하게 되면 복잡한 가족이 탄생하게 되어 가족 구성원들 사이에 많은 문제가 생긴다. 재혼하는 부부들은 초혼에서처럼 배우자와 함께 살게 된 자녀에게 바라는 것도 많을 것이다. 하지만 결합가족의 자녀들은 이미 새로운 부모와 형제자매를 만나기 전에 기존 가족을 통하여 형성된 많은 이질적인 요소들을 가지고 있다. 이제 막 재혼하여 가족을 구성한 짧은 역사에도 부모가 되었다고 하여 자신의 의지와 뜻대로 배우자와 아이들을 대하거나 가족은 이래야 한다고 주장하게 되면 실패할 가능성이 많다.

결합가족에 있어 지나친 기대와 낙관은 금물이다. 우선 자녀들은 갑작스러운 부모들의 재혼 때문에 남남이던 사람들을 형제로 인정해야 하는 황당함이 있다. 어디 그뿐인가? 원부모와의 관계라든지 기존에 사용하던 자신의 개인적인 공간도 배다른 형제와 나누어 써야 할 일이 생기기도 한다. 심지어는 자신의 출생 순서까지 뒤바뀌는 혼란스러움을 어떻게 설명해 주어야만 할까. 이런대도 재혼한 부부들이 부부의 사랑과 강한 유대를 보여 주지 못하고 서로 다투기만 한다면 아이들은 마음의 갈피를 잡을 수가 없을 것이다.

이런 복잡한 일들이 머리 쓰기 싫어 프리섹스를 옹호하고 결혼의 미래를 부정하게 되는 사람이 생겨나는지도 모르겠다. 결혼하는 사람은 물론이겠지만 재혼하는 경우 자녀들과의 관계를 생각해서라도 재혼가족과 관련한 책을 읽어보거나 교육을 받아 보기를 권한다. 모든 것을 초혼처럼 낙관해 버리고 쉽게 재혼을 하다가는 이 모든 사태를 수용하기 어려운 어린아이들에게 상처를 입히고 방황하게 한다.

부부의 강력한 사랑의 유대, 세심하고 실용적인 자녀에 대한 배려, 자식을 위해서라도 원래 부모들을 포함한 주변 지인들과의 관계를 잘 유지해 나가야 할 필요가 있다. 같은 처지인 많은 사람을 만나 이야기를 듣고 어려움을 토로해 보는 것도 결합가정에서 형성된 자녀들의 교육을 위해 유익하다. 모든 것은 자기 하기 나름이다. 자녀들에게 확대된 형제들과의 관계를 잘 규율 지어 주고 서로를 인정하고 사랑하게만 만들어 줄 수 있다면 인격형성에 오히려 도움이 된다. 재혼부부들은 일반 가정에 비해 몇 배 더 피나는 노력이 필요하다.

자녀교육을 둘러싼 부부갈등

자식을 너무 과잉보호하게 되
면 부부 사이에 관계가 멀어지게 된다. 특히 아내가 자식을 끼고 살
다 보면 남편에게 서운한 감정이 생긴다. 아내가 아이를 완벽하게 키
우기 위하여 지극정성을 쏟으면 그만큼 남편이 희생을 당한다.

　이와는 반대로 남편이 가부장의식으로 아이에게 가혹할 정도로
엄하게 하는 경우도 자주 볼 수 있는데 이럴 때 아내는 남편의 아이
에 대한 훈육을 마치 아내 자신에 대한 불만의 표시로 생각하는 경우
가 많다. 성경에 보면 결혼을 "남자가 부모를 떠나 그의 아내와 합하
여 둘이 한 몸을 이룰 지로다."라고 정의한다. 여기서 눈여겨볼 부분

은 남자가 부모를 떠나서 아내와 합해서 두 사람이 한 몸을 이루는 것이 결혼이지 아이에 대한 말은 눈을 씻고 찾아보아도 없다. 결혼생활에서 자식은 하나의 선물일 뿐이다.

이혼을 다루는 재판에서 배우자의 성교불능은 이혼사유가 되어도, 아내가 자식을 출산하지 못한다고 하여 이혼을 허락하지는 않는다. 결혼의 본질에 자식이 필수요건이 아니기 때문이다. 물론 결혼 이후 태어나는 자녀들로 인하여 결혼은 더욱더 큰 의미가 있고 공고히 결속하게 하시만 신국에는 결혼은 자식이 아니라 두 배우자와의 관계가 그 핵심이다.

배우자를 희생시키고 아이에게 열중하는 것은 결혼의 본질을 잘못 이해한 데에서 오는 결과다. 부부의 잠자리와 자녀들과의 관계만 보아도 그렇다. 아이가 6살이 되어도 부부와 함께 자는 경우가 많다. 한 침대를 아이, 엄마, 아빠 이렇게 세 사람이 공유하는 것은 부부간의 친밀감과 원만한 애정생활을 방해하게 된다. 아이의 독립을 위해서라도 3~4살 정도 되면 떨어져 지내게 해야 한다. 배우자보다 아이의 감정을 우선시해서는 안 된다. 자식들은 성장하여 부모 곁을 떠나가면 그만이지만 부부는 남아서 죽을 때까지 함께하는 사람들이다.

문제는 남편으로부터 정서적인 친밀감이나 만족을 채우지 못하는 아내들이 그 대체물로써 아이들에게 지나치게 헌신하며 그 사랑을 메우려고 하는 경우를 흔히 본다. 하지만 아이들은 성장하면 부모의 품을 떠나 독립을 하게 되고 결국 또 남게 되는 것은 남편이라는 배우자다. 그렇기 때문에 내 배우자와의 관계를 제대로 정립하는 본질적인 삶의 태도가 중요하다.

앞서 언급한 바와 같이 훈육을 이유로 주로 남편이 아이를 학대하게 되면 부부 사이에 갈등이 생기게 된다. 학대에는 아이가 어떻게 되든지 상관하지 않고 아이를 방치하고 방관해 버리는 수동적 학대와 물리적 정서적으로 폭력을 행사하는 공격적 학대가 있다. 남편이 자라온 자신의 환경이나 생각을 아이에게 지나치게 강요하는 것은 좋지 않다. 아이는 현재 실존하는 그대로의 모습을 사랑해 주어야 하며, 왜 너는 늘 이렇게밖에 하지 못하느냐고 추궁해서는 안 된다. 그렇지 못할 때 아이들은 아버지와 대화를 하지 않는다. 아버지란 존재는 늘 집에서 아이의 잘못을 지적하고, 자신의 잘못은 아이들이 지적할 수 없는 절대자의 존재가 되어서는 안 된다. 아이들의 눈에 비친 아버지는 집에 들어오면 늘 큰 대자로 누워서 TV만 응시하고 눈만 껌뻑이는 배가 산 만큼 나온 말이 안 통하는 아저씨다.

숙제하다 건너온 딸아이 몹시 피곤해하는 내 표정 읽고는
도움을 청하려다 만다 괜찮아요, 편히 쉬세요,
개 견(犬)자로 누워 계세요.

딸아이가 개 견(犬)자를 익히는 동안
내 안에서 살진 나타(懶惰) 한 마리가 삐져나와 개가 되었다

우리 집에도 개 한 마리 산다
철이 들어가는 딸아이의 농담 속에 비친
집은 조금 지키고 자주 누워 있는, 눈만 껌벅이는, 그래도
딸아이가 많이 생각해 주는 팔자 좋은 개

(오창렬, '상팔자' 중에서)

아이에 대한 훈육은 부부가 공동으로 한다는 공동훈육의 자세가 필요하다. 두 사람이 자녀의 훈육을 공동으로 하는 것은 아이에게도 좋다. 훈육할 때 서로 상호 상의하고 자식을 위하여 가장 좋은 방법을 택하며, 의견이 일치하지 않으면 배우자 일방의 훈육방법이 아닌 다른 좋은 훈육방법을 찾는 것을 말한다.

현행 민법에는 친권은 공동으로 행사한다고 규정하고 있는데 이는 공동친권의 정신을 표현하고 있다. 잘못된 훈육에 대한 아이의 반응은 항의, 형사고발, 폭력, 가출 등으로 나타난다. 특히 자녀에 대한 폭행은 수치심, 자존감의 상실 등으로 자신감을 잃고 우울증의 원인이 된다. 성장하는 시절에 부모와 좋은 관계가 형성되지 못하면 자라서도 직장생활 등에 있어 상사나 동료와의 관계가 좋지 못한 경우가 많으며 사회생활에서 적응하지 못하고 낙오하게 된다. 사람의 인성은 가정에서 부모를 통하여 처음으로 형성되기 때문이다.

— (판례사례 1) 아이들이 성장해 감에 따라, 남편은 아내에게 아이들의 학습지도에 전념하기를 요구하기 시작하였고, 아내가 바깥에서 친구 만나는 것조차 자녀들 공부에 지장을 준다는 이유로 좋지 않게 생각했으며, 아이들의 학교성적이 떨어지기라도 하면 이를 아내의 탓이라고 몰아붙이며 잔소리를 하여, 많은 스트레스를 주었다. 남편은 중학교 2학년에 재학 중이던 아이의 기말고사 성적이 안 좋다는 이유로 아내를 계속 비난하였고, 이를 듣고 있던 아내가 아이에게 '공부하지 마라, 공부 안 해도 먹고살 수 있다. 공부는 자기들이 하는 것이지 부모가 하는 것이냐'고 말하자, 남편은 흥분하여 회전의자를 들어 올려 내려치다가 전등갓을 건드려 깨지게 하였고, 책장 속에 꽂혀있던 책들을 마구 집어 던졌다. 이를 보고 참다못한 아내가 '이렇게는

못살겠다'고 말하고 아이를 데리고 나와 2박 3일간 호텔에서 지내다가 귀가한 바 있다.

— (판례사례 2) 남편은 아이들이 자신의 말을 거역하려 하거나 성적이 저조한 경우 등에 자주 훈육 명목으로 자, 각목 등을 이용하여 자녀들을 때렸고, 이를 피해 아이가 방으로 들어가 문을 잠그면 쇠망치로 손잡이를 부수고 들어가 그 망치로 때릴 듯이 위협하기도 하였다. 또한, 남편은 아이에게 문제집을 사고 받은 영수증을 달라고 하였는데 아이가 불손하게 문제집을 가져다 놓았다는 이유로 심하게 아이를 때리고 현관문 밖에까지 끌고 가 옷이 찢긴 상태에서 재차 때림으로써 아이에게 수치심을 주기도 하였다.

— (판례사례 3) 남편은 강원도 화천에 있는 주택을 경매로 매수하더니 갑자기 아내에게 시골에 가서 농사를 지으면서 살자고 하였고, 아내는 딸아이의 교육문제 등을 이유로 반대하였다. 이후 남편은 아내와 딸아이를 괴롭히기 시작하였는데, 딸아이가 신발정리를 하지 않았다고 무릎을 꿇리고 신발을 입에 물리기도 하였고, 아이를 화장실 욕조 안에 몰아넣고 슬리퍼로 구타하였으며, 발로 차고 짓밟아 아이의 귀에서 피가 흐르게 한 적도 있었다. 또한, 딸아이에게 '머리띠 한 것이 꼭 술집 년 같다.'라고 트집을 잡기도 하였다. 남편은 고등학교 3학년이었던 딸아이에게 용돈, 차비, 학원비 등을 전혀 주지 않았고, 딸아이의 대학등록금도 주지 않아 학교를 휴학하게 만들었을 뿐만 아니라, 어느 대학교에 입학했는지 물어보지도 않았다.

— (판례사례 4) 남편은 아이들에 대해서도 남편의 말이면 무조건 따르도록 강요하였고, 이에 어긋나는 경우 수시로 뺨을 때리고 심지어 낚싯대, 우산 등을 이용하여 구타하기도 하였으며, 아내는 위와 같은 남편의 훈육방식에 불만이 컸으나 가부장적인 사고방식을 가진 남편과의 사이에 타협의 여지는 없었다. 아내는 아이들이 미술대회에서 상을 받

자 수박 3통을 사서 친구들과 자축하였는데 남편은 이를 두고 자신의 허락 없이 돈을 썼다며 아내를 구타하였다.

사례에서 보는 바와 같이 가정에서 가족들에게 군림하고 일방적으로 지시하는 이기적인 아버지상이 문제가 되고 있다. 가부장의식이 몸에 밴 아버지 밑에서 자라난 아들에게 아버지는 늘 극복되어야 할 존재였다. 어릴 때 아버지를 못마땅하게 여기며 이다음에 커서는 아버지처럼 살지 않겠다고 다짐하는 경우가 많았다.

> 생이 피어나던 유년
> 당신은 언덕이 되기보다 오히려
> 불평과 원망의 진원지였다
> 아버지가 되어서는 안 되는 사람들은
> 너무 쉽게도 아버지가 되어
> 이 땅의 모든 탕자들을 낳았다
> 아버지가 미워 미워서
> 아버지처럼 살지 않기로 맹세지만
> 어느새 나는 당신을 닮아 있었다
> 철없는 자식이었다
> 무너져가는 당신 가슴을 향해
> 얼마나 많이 시위하였던가
> 애당초 어쩔 수 없이
> 손가락질받을 수밖에 없는
> 운명을 가진 이름, 아버지
>
> ('아버지', 전편)

하지만 이 땅의 아버지들 마음이 다 그런 것은 아니다. 가정이 꾸려져 가는 상황에 따라 어떤 자식의 눈에는 자기를 낳아주고 평생 고생만 하는 어머니에게 폭행하고 자식들에게 자신이 원하는 바를 강요하는 보기도 싫은 아버지이지만, 그러한 아버지도 가정의 식솔들을 먹여 살리고 자식들에게 울타리가 되어 주어야 한다는 강한 책임감과 따스한 마음이 늘 있기 마련이다. 그런 의미에서 아버지는 이중적인 존재며 자식들에게 애증이 교차하는 대상이다.

나의 아버지는 농부였습니다.

그분은 흙 사랑에 사셨습니다. 새벽부터 거름을 져냈습니다. 달을 지고 들어오시는 마음은 항상 밝았습니다. 띄엄바구 논 두 마지기! 일본까지 가시어 석탄 판 품으로 샀습니다. 땀을 동이동이 쏟아도 가난은 강물이었습니다. 지게가 밥이었습니다. 어깨가 뭉개지도록 식구들 입을 짊어졌습니다. 이집저집 품 팔러 다녔습니다. 그래도 쑥을 쪄먹고 솔껍질을 씹어야 했습니다. 어깨는 날로 무거워졌습니다.

(오동춘, '아버지와 아들' 중에서)

세상의 희망은 때 묻지 않고 정직한 젊은 자녀들에게 있다. 나이 들어 찌들고 때가 묻은 어른들보다 우리의 자녀들은 때 묻지 않은 순수한 마음을 가지고 있다. 자녀들의 따뜻한 눈길 속에 우리사회의 희망이 있다. 아이들의 눈에 비친 부모들의 모습은 어떠할까? 등짐을 지는 아버지와 과일행상 나간 어머니가 눈길에 넘어져 다칠까 걱정이 되어 울었다는 어린 자식의 이야기는 감동적이다. 부모가 눈이 내리는 생업의 현장에서 고생하고 있을 때 마음이 아파 내리는 흰 눈을 눈이라고 부르지 못하고, 눈을 미워하는 것이 우리 자식들이다. 먹고 살 별다른 방도가 없었던 유년시절 대부분 부모의 삶이기도 했다. 철 없는 자식들이라고 이야기하지만, 아이들은 자신들의 부모가 어떤 고생을 하는지 다 알고 있다.

첫눈이 나리면요

소구르마 끌고 간 아비, 짐꾼인 아비

눈길에 미끄러지면 어쩌나 웅덩이에 빠지면 어쩌나

동구 밖 길 보다 보다 잠이 들었어요

장사 나간 엄니, 과일행상 옷 엄니

얼어붙은 사과 다 못 팔고 눈물바람으로 오실까봐

자다가도 함께 울었고요

(오봉옥, '첫눈1' 중에서)

결혼을 방해하는 사람들, 친인척

결혼한 부부들은 친인척의 문제로 대부분 갈등을 겪고 있다. 대략 결혼한 부부의 75% 이상은 친인척과 갈등을 겪고 있다는 연구결과가 있다. 친인척 문제로 부부가 갈등을 겪지 않는다면 그것은 다행한 일이고 극히 이례적인 경우다. 결혼생활은 시가나 처가 기타 친인척들로부터 간섭과 조언을 가장한 참견에 시달리며 살아가는 것이기 때문이다.

결혼해 본 사람들은 결혼이 왜 그렇게 어려운지를 안다. 당사자들 외에 주변의 가족, 친인척들이 끼어들어 마치 자기들이 결혼하는 것처럼 이런저런 이야기를 하며 간섭하다 보면 다툼이 생기고 결혼이 깨어질 것 같은 어려움에 부닥치기도 한다. 결혼은 부모 밑에 있던 처녀, 총각이 부모를 떠나서 남녀가 서로 합하여 한몸이 되는 것이다. 이전에 자신들이 소속했던 시가나 친정을 떠나서 죽이 되든 밥이 되든 자신들의 계산과 의지로 생활해 나가야 하는 것이 결혼이다.

결혼하면서 친정집 옆으로 이사하여서 친정식구들의 보살핌을 받고, 저녁밥도 친정엄마가 해주는 밥을 얻어먹는 철없는 아내들이 있다. 이것은 잘못된 일이다. 매일 친정으로 저녁을 얻어먹으러 가는 신랑은 어떻겠는가? 반대로 아내의 입장에서 시댁에 매일 저녁을 먹으러 간다고 하면 그 결혼생활이 제대로 되겠는가. 시어머니, 장모, 시누이, 친정언니, 친정오빠 등 이러한 사람들이 두 부부의 결혼생활에 개입하면 결혼생활이 혼란스럽게 된다.

가족을 하나의 큰 시스템이라는 관점에서 볼 때 가족에는 부부, 부모, 자녀, 형제라고 하는 하부시스템들로 구성된다. 결혼생활에는 다른 어떤 것보다 '부부'라고 하는 하부시스템의 권력이 제일 커야 결혼생활의 안정성이 생긴다. 결혼생활을 하는 데 있어서 만일 부모의 권력이 크다면 그들은 부모들에게 끌려다니게 되어 결혼의 독립성이 훼손된다. 그리고 부부와 부모, 자녀, 형제라는 하부시스템 상호 간에는 경계선이 서로 분명해야 한다. 결혼생활에서는 독립성이 아주 중요하다. 시가나 처가의 부모나 형제들이 결혼한 자식들에게 간섭하게 되면 결혼생활은 뒤죽박죽으로 엉망이 되어 버린다.

— (판례사례 1) 부부는 남편의 부모가 사는 아래층에서 신혼살림을 시작
하였는데, 부부가 다툴 때에 남편의 부모가 와서 남편을 두둔하는
일이 몇 차례 있자 아내는 남편과 남편의 부모에게 날카로운 태도
를 보이며 분가를 원하는 등 쉽게 시댁 식구와 화합하지 못하였고,
아내의 부모와 남편의 부모 사이도 돈독하지 못하였다.

— (판례사례 2) 시어머니는 며느리와 아들이 신혼여행을 떠난 후 며느
리의 안사돈을 불러 이혼 및 재혼사실을 트집 잡아 온갖 모욕
적인 말을 하였고, 며느리가 바빠서 옷장을 제대로 정리하지 못
한 채 가게에 일하러 나가자 안사돈에게 전화하여 이를 문제 삼
아 폭언을 퍼부었으며, 아들이 다리를 다쳐 수술을 받고 입원하
였을 때 당시 임신한 상태였던 며느리에게 '애는 언제든지 가질
수 있다.'라면서 병원에 가서 아들을 간호하라고 요구하는 한
편, 아들이 입원해 있던 병원에서 며느리에게 '여자 하나 잘못
들어오면 집안이 망한다. 시가집을 무시한다.'라면서 화를 내고
고함을 질렀으며, 아들이 없는 틈을 타서 '니가 복이 없어 니 남
편이 이렇게 되었다.', '니 이혼당하고 싶나?'라면서 야단을 쳤
고, '남편 간수 못 한 것은 모두 여자 탓이다. 참 한심하다.'라는
등의 말로 며느리를 비난하였으며, 아래 시누이는 수시로 오빠
부부 사이의 갈등을 부추겼고, 외출하려는 올케에게 '시집온 여
자가 외출은 무슨, 우리 엄마에게 잘못하면 안 본다.'라면서 신
경질을 부리고 고함을 지르기도 하였는바, 위와 같은 남편을 포
함한 시가족들의 잘못으로 인하여 부부 사이의 혼인관계는 파
탄에 이르렀다.

— (판례사례 3) 시부모는 공부에 방해된다며 며느리가 미국에 있는 아들
을 만나러 가는 것을 싫어하면서 단지 임신을 위해서 잠시 미국에
다녀오는 것만을 허락하였는데, 며느리는 이러한 간섭으로 힘들어

하였고, 더욱이 며느리가 미국에 갔다가 와서도 임신이 되지 않아 시부모는 며느리에게 화를 내기도 하였고, 며느리가 아들을 낳기를 원하며 며느리에게 스트레스를 주었다.

— (판례사례 4) 남편의 잦은 음주와 술주정으로 인하여 아내와 남편은 다툼이 잦아졌고 그럴 때 아내는 친정부모님에게 자주 연락을 하는 일이 자주 있었다. 하루는 남편이 새벽 4시경 들어와 아내에게 욕설하자 아내가 자신의 부모에게 전화하였고, 잠시 후 아내의 친정부모가 도착하자 남편은 술에 취한 채 아이들을 데리고 방으로 들어갔더니 아이가 울자 이를 달래려 장모가 뒤따라 들어가자, 생후 5개월 된 아이들을 어깨에 걸쳐 멘 채로 빨래건조대와 선풍기를 발로 차고 욕설을 하며 장모를 몸으로 밀치기까지 하였다. 아내는 그 상황이 무서워 경찰을 불렀고 잠시 후 남편의 연락을 받은 시부모들까지 도착하였는데 시부모들은 친정부모와 경찰을 부른 아내를 나무라며 남편을 두둔하였고, 그 자리에서 부부는 "남편은 모든 재산을 처분하는 가격의 2/5를 아내에게 지불한다. 아내가 가져온 모든 가구와 제품은 아내가 가져가고 아내가 가져가기 전까지 손대지 않는다. 보고 싶을 때 언제든지 아내는 아이들을 볼 수 있다. 양육권은 남편이 가지며 양육권과 재산분할에 대하여 더 이상 이의를 가지지 않는다."라는 내용의 합의서를 작성했으며, 그 후 아내는 친정부모와 함께 친정집으로 가고, 남편은 아이들을 데리고 시부모들과 함께 시가집으로 갔다.

결혼의 본질이 친정이나 시가를 떠나는 데 있는 것이라고 하였는데 결혼한 후에도 그 친정이나 시가를 떠나지 못하고 계속 떠나온 곳을 의지하여 분란을 일으키는 모습들을 볼 수 있다. 주 내용은 주로 시어머니가 며느리를 학대하는 사례 또는 친정과 시가식구들의 마찰로 인한 불화가 대부분이다.

시어머니의 며느리에 대한 간섭과 학대는 아들이자 남편인 입장에 서 있는 한 남자를 둘러싼 두 여자들의 갈등으로 볼 수도 있다. 아내들은 시가 쪽과 관계되는 것을 본능적으로 싫어한다. 시부모를 의식, 무의식적으로 기피하게 되고 며느리들은 시부모의 그늘에서 벗어나기를 늘 꿈꾼다. 시어머니와 며느리는 늘 이러한 긴장관계에서 살아가게 된다. 과거 어머니들은 가부장제 아래에서 시어머니로부터 온갖 홀대를 받고 생활하였다. 지금의 며느리는 너무 편한 것 같아 가만히 두고 볼 수가 없다.

젊은 날 서러움을 받으며 살아오면서 금이야, 옥이야 아들을 낳아 길렀는데 젊은 여자가 들어와서 내 아들에게 하면 얼마나 잘할 수 있을 것이냐며 우습게 보고, 대충 살림을 사는 것 같아 도저히 두고 볼 수만 없다는 것이다. 남편의 가부장의식이 이혼문제를 일으키듯이 시어머니의 며느리에 대한 태도 역시 이혼문제를 부른다.

이혼사유가 언급된 우리나라 민법에는 시어머니와 며느리의 심한 갈등, 부당한 대우를 이혼원인으로 삼고 있다. 재판으로 인한 이혼사유를 규정하고 있는 민법 제840조의 각 호의 내용은 다음과 같다.

제840조 (재판상 이혼원인) 부부의 일방은 다음 각 호의 사유가 있는 경우에는 가정법원에 이혼을 청구할 수 있다.
1. 배우자에 부정한 행위가 있었을 때
2. 배우자가 악의로 다른 일방을 유기한 때

3. 배우자 또는 그 직계존속으로부터 심히 부당한 대우를 받았을 때

4. 자기의 직계존속이 배우자로부터 심히 부당한 대우를 받았을 때

5. 배우자의 생사가 3년 이상 분명하지 아니한 때

6. 기타 혼인을 계속하기 어려운 중대한 사유가 있을 때

부당한 대우를 동반하는 고부갈등은 제840조 제3호 및 제4호의 이혼사유에 해당될 것이다. 그런데 제3호 후단이나 제4호의 경우 결혼당사자인 부부들과 관련이 없는 제3자와의 불화를 이혼원인으로 규정하는 것이므로 문제가 있다. 며느리가 시어머니한테학대를 당하고 시어머니가 며느리로부터 학대를 당하면 아들과며느리 사이에 이혼사유가 된다는 것이다.

이는 결혼당사자인 부부 이외의 제3자로 인하여 결혼이 깨어질수도 있다는 것을 의미하는 규정이기 때문에 며느리와 시어머니는 항상 긴장관계 속에서 살 수밖에 없다. 며느리 입장에서는 시어머니와 잘못 관계하면 남편과의 관계에 있어 이혼사유가 되기때문에 시어머니와는 늘 긴장이 되는 가깝고도 먼 사이가 된다.이혼사유는 부부 당사자의 문제들로 국한하는 것이 좋을 것이다.고부간의 갈등은 시집간 아내들에게 늘 따라다니는 그림자 같은것이다.

> 시집식구와 다투고 집을 나온 여동생과
>
> 다대포 어시장에 앉아 전어 회를 먹는다
>
> 눈물을 글썽이며
>
> 말을 더듬는 막내 여동생을 바라보며
>
> 사는 것은 싸우는 일이고
>
> 속아 주는 일이라고 설득해 보지만

뼈 발라낸 가을 전어처럼

씹히는 게 없는 눈치다

('다대포에서' 중에서)

그런데 고부갈등이 있으면 흔히 하는 말로 남편이 중간역할을
잘하여야 한다고 한다. 그런데 남편이 시어머니와 아내와의 중립
위치에 설 수 없는 것이 문제다. 왜 그런 문제가 발생하는가. 가부
장문화의 원인이다.

그리고 또 한 가지 결혼과 관련하여 분명히 짚고 가야 할 부분
이 있다. 결혼혼수 중에서 돈이 많이 들어가는 신혼집을 남자가
장만하는 문화가 계속되는 한 아내로서는 남편이나 시가 쪽의 눈
치를 보고 간섭을 당할 수밖에 없다. 그리고 시가의 핵심에는 같
은 여성인 시어머니가 있다. 결혼에는 며느리나 시어머니는 모두
한 남자를 사이에 둔 여성들이며 남자는 어머니에 대한 본능적인
보호감정이 있음은 주지의 사실이다.

하지만 입장을 바꾸어 놓고 생각해 보면 아내 쪽의 친정어머니
도 아내를 키우기 위하여 고생한 것은 똑같은 데도 말이다. 남자
의 핏속에는 자식들에게 헌신했던 내 어머니의 강한 유전자가 녹
아 있다. 아내들은 이 점이 늘 고민거리가 아닐 수 없다. 이것은
숙명이라고 생각하고 견뎌 내야 일이지 합리적인 이유를 들이대
며 대응할 성질의 것은 아닌 듯하다. 그래서 아내들은 서운한 감
정에 남편을 향해 바가지를 긁어대지 않을 수 없다.

수평선 가르는 어미의 일상

짠물에 젖어 은빛으로 물든다

날마다 파도와 맞선 육신은

바다 위에 떠오르는 난파선

자식을 위해 암초에 부딪치는

애틋한 사랑의 물너울

어머니, 머리 숙여 가슴 뜯으며

울음소리 내지 못한다

(조성민, '어미의 하루', 전편)

기계도 오래 사용하면 녹이 슬고 고장이 나듯이 사람도 마찬가지다. 70~80년 몸을 쓰게 되면 아픈 곳이 한두 곳이 아니다. 요즘 가뜩이나 살기 힘든 세상에 며느리들이 시어머니를 모시기 싫어하는 원인 중의 또 하나가 늙은 부모를 모시면 병치레 등으로 돈의 지출이 많아지게 되는 현실적인 이유가 있다. 나이가 들면 건강이 나빠져 돈이 많이 들어가게 되고 어려운 가정살림에 더욱 부담되는 것이다. 예를 들어 간단히 이빨 치료 같은 경우만 생각해 보더라도 치과 견적비용이 많이 나와 어느 가정이고 문제가 아닐 수 없다.

입속에서 나온 어머니의 숟가락이 찌개그릇에 밥알을 남기고 간다. 밥알은 젓가락에도 묻어나와 반찬에 섞인다.

칠순의 구순(口脣)에서 나온 음식이 더 이상 달지 않은 나는 식구들이 눈치채지 못하게 어머니 손을 내밀듯 툭, 젓가락으로 쳐낸다. 그릇 밖으로 떨어진 밥알 같은 어머니를 눈치 하듯 바라보면 이유기의 내 음식 장만하던 때처럼 앞니를 오물거린다. 끼워 쓰던 틀니가 고장 난 눈치다

구강기에서 야무지게 떨어져 나온 저녁 차일피일 자식만 바라
보았을 치아를 못 본 척 밥만 퍼먹고 돌아앉아 아내의 눈치를
보는데 낮에 붉은 그늘이 어리었다. 저것은 또 늘 적자인 경제
의 그림자거니, 치과 이야기는 꺼내지도 못하는데
툭, 툭, 또그르르
뜰에 나뭇잎 내리는 소리, 또 구르는 소리, 쌀쌀한 계절이 오는
눈치

(오창렬, '눈치', 전편)

고부관계를 개선해 나가기 위해서는 전통사회와 현대사회가 가
지고 있는 가치관의 차이가 있을 수 있음을 인정하는 것이 전제되
어야 한다. 그리고 어른들인 시부모가 먼저 자신의 위치를 정확히
파악하면 좋겠다. 결혼하여 독립한 이상 일차적으로 긴밀한 관련
을 맺어야 하는 것은 그들이 아니라 결혼당사자들이어야 한다. 시
부모가 장성한 아들이나 손주를 끼고 신경전을 벌이기 이전에 자
신들이 추구하는 일과 인생의 뚜렷한 목적이 존재해야 한다. 내가
행복해 지기 위해서는 주변의 사람들을 서로 세워주어야 내가 행
복할 수 있다. 내가 먼저 행복해 지기 위하여 이기적으로 굴면 행
복은 저만치 달아난다.

결혼생활은 부부가 중심이 되어 사는 것이지, 아이나 부모를 모
시는 것은 어디까지나 결혼에 부수적이다. 이걸 혼동하면 결혼생
활은 뒤죽박죽된다. 결혼하면 내 아들은 며느리의 남자가 되며,
내 딸은 사위의 여자가 된다. 아주 다른 사람이 된다는 것을 인정
하고 들어가야 한다. 그래서 아내 쪽에서 결혼하면 당연히 시부모
를 모셔야 한다는 고정관념은 버려야 한다. 설령 건강 등 부득이

한 사유로 시부모를 모시게 되더라도 충분히 아내의 이해를 구해야 하며, 반대로 시부모가 돌아가시고 처가의 부모가 생존하여 어려움에 부닥쳤을 때에는 남편이 처가댁 부모를 잘 모시겠다는 약속을 해주는 등 공평하고도 합리적인 해결방안을 제시하면 좋을 것이다.

이러한 노력에도 아내들은 현실적이어서 좀체 시부모를 모시지 않으려고 한다. 이것은 인지상정이다. 장모도 사위와 어쩔 수 없이 살 수밖에 없는 처지가 아닌 한 함께 살기를 좋아하지 않는다. 부모, 시부모를 모시는 일로 긴장과 불안감을 가지고 있다.

하지만 이들 부부도 나이가 들면 자녀들이 모시기를 싫어하는 물건 같은 그런 처지가 된다. 나이 들면 자식들 집을 이리저리 떠돌아다녀야만 하는 고된 삶을 사는 것을 보게 된다. 장성한 자녀들은 지혜롭게 효도하는 그런 수단을 취해야 할 것이다. 모셔야 할 부모가 거동이 불편하다면 집으로 모시는 문제를 가지고 상의하여야 할 것이고, 일상생활을 하는 데 크게 문제가 없다면 생활비를 더 드려 생활이 조금이라도 나아질 수 있도록 배려하는 것이 좋을 것이다.

> 어머니가 돌아가야 할 곳은
> 고향집 온기 없는 냉방이다
> 차디찬 죽음이다
> 큰아들 집에서 이제는 작은 아들집에서
> 반기지 않아 떠도는, 당신의 말대로
> 이제 아무짝에도 쓸데없는 물건이다
> 어머니의 생을 아무도 기억하지 않는다
> 지상에 존재했던 하나의 전설 같은 것

정지한 한때의 흑백 사진처럼

아무 감정도 불러일으킬 수 없다

어머니는 슬픈 이름이다, 역설 덩어리다

자식들에게 짐이 된다며

묻힐 자리를 향해 떠나는

눈물겨운 십자가의 절정이다

어머니, 이 땅의 인간들에게

부끄러움을 알게 하는

위대한 이름이다

('행신역에서' 중에서)

결혼을 방해하는 사람들, 애인과 친구

가족도 친지도 아닌 배우자가
사귀는 애인, 친구와 같은 사람들이 부부 사이에 끼어들어 와서 틈을
갈라놓을 때가 있다.

결혼생활이 시들할 즈음에 다시 만난 옛날 애인, 학교동창, 친구
의 남편이나 부인과 같은 사람들을 비밀리에 만나게 되면 일이 생긴
다. 배우자 있는 자의 불륜은 주로 간통을 말하는 것으로 어느 사회,
어느 시대에서나 비판의 대상이 되어 왔고 이혼의 원인이 되어 왔다.
그 이유는 불륜은 결혼생활에 대한 반칙으로 배우자에 대한 신뢰를
무너뜨리고 피해를 주기 때문이다. 그리고 사회도덕 규범과 질서에

대한 모욕 내지는 도전으로서 받아들여지기 때문이다. 간통은 남자보다는 여자에게 더욱 가혹한 결과를 가져왔으며 역사적으로 임신과 부성의 추정이 어려운 아이를 출생하기 때문이었다.

성서에 나오는 고대 유대교 율법에서는 배우자 있는 여인이 간음하였을 때 돌로 쳐 죽였으며, 그 이후 순화된 서구사회에 있어서도 여러 법전에서 별거의 원인으로 취급했을 뿐 아니라, 고대 근동(古代近東, Ancient Near East)에서처럼 가혹하게 다루어야 한다는 주장이 늘 존재했었다. 하지만 살다 보면 배우자 있는 사람이 다른 이성과 간통을 저지를 수 있는 개연성이 존재하며 이 경우 여러 가지 사정을 따져 보아 대처해야 할 것이다. 알다시피 정조의 의무가 중요하기는 하지만 그것 하나 만에 의해 결혼생활이 유지되기보다는 다른 사회적, 경제적, 정서적 요인의 복잡 미묘한 조합에 의해 유지되기 때문이다. 가능하다면 본인은 물론 간통이라는 실수를 저지르지 말아야 하겠지만 나아가 상대방 배우자의 실수에 대하여도 목견하지 않는 것이 최상이리라.

내 배우자가 다른 이성과 불륜에 빠지게 된 이유는 최고의 관심거리다. 배우자는 이들 사이의 만남과 그 사이에 주고받았던 대화의 내용을 무척 알고 싶어 한다. 그런데도 비밀스럽게 관계를 지속한다면 가정이 시끄러울 수밖에 없다. 배우자 이외의 자와는 관계가 투명하고 공개적일 때 문제가 생기지 않는다. 그리고 어떤 만남도 부부보다 우선할 수 있는 만남은 없다. 불륜은 물론이며 친구의 우정도 단연코 부부의 사랑보다 앞설 수 없다. 한이불을 덮고 자며 한 밥상에 둘러앉아 밥을 먹는 사람들과 아껴주면서 살아가는 것이 이 땅에서 말하는 행복이다.

우리는 이러한 사실을 잘 알면서도 색다른 사람들에게서 행복을 찾아보려고 틈만 나면 방황을 한다. 하지만 어떻게 처신해야 하며 어디에 행복이 있느냐 하는 것에 대해서는 자신 자신이 더 잘 알고 있다. 내 남편 내 아내 그리고 내 가정의 평범한 일상으로 돌아가는 것만이 해답임을 안다. 그런데도 얼마를 더 방황하고 다른 곳을 기웃거리려야만 직성이 풀리겠는가. 남자든 여자든 살아 있다는 것은 끊임없이 이성을 찾거나, 자신만의 꿈을 찾아 방황하는 존재다. 괴테는 이렇게 인간이 방황하는 한 노력하고 있다고 위로의 말을 건네 주고 있다.

출장을 핑계로 떠나온 서해바다
폭설에 갇혀 버린 만리포에서
대책 없이 겨울 바다를 바라본다
세상은 온통 눈으로 파묻혀
이 소읍까지 달려왔던 길들과
다시 달려가야 할 길들은
한 치 앞도 보이지 않고
떠나오면 아무것도 아닌 것
그렇고 그런 일상들인데
이렇게도 난장을 떨고 나서야
눈 떠지는 내 영혼이 부끄럽다
세상 어디에도 없을 방주를 찾아
얼마를 더 방황해야만 하는가
칼날 같은 파도를 입에 물고
살풀이춤을 추고 있는 겨울바다
내 삶의 현장으로 돌아가야지

방주도 천국의 문도 내가 모두 삼키고서

겨울 만리포, 이 무슨 청승인가

('겨울만리포', 전편)

아내 이외의 여자를 만나 술을 먹고 늦게 귀가하며, 애인이라
는 사람이 식구들이 다 잠든 시각 집으로 전화하여 집안을 불안하
게 하는 그런 일을 벌이는 남편들이 아직도 있는가? 옛날 연애시절
의 애인을 다시 만나 장미꽃을 수십 송이씩 선물하고 옛 애인의 체
력 보강을 위하여 보양식을 해다가 바치며 은밀하게 만나는 아내들
이 있는가? 부부 사이에 관계가 멀어져 이런 일들이 생기는가 하면,
부부 사이에도 신중하지 못하여 이런 일들을 자초하는 경우도 있다.
불행하게도 주변에서는 흔히 아내의 불륜남이나 남편의 불륜녀가
집안을 흔들어 놓는가 하면 그들로 내 배우자가 모욕을 당하는 일
이 생기기도 한다.

— (판례사례 1) 아내는 다른 남자와 불륜관계를 맺어 밤늦은 시각에 귀가하
거나 남편과의 잠자리를 회피하기도 하고 그 사귀는 남자들로부터
밤늦게 집으로 전화가 걸려 와서 아내를 찾거나 남편에게 욕설하기
도 하여 평온한 가정생활을 영위할 수 없었다.

— (판례사례 2) 남편은 혼인 초부터 다른 여성과 동거를 하는 등 부정한 관
계를 맺어 왔고, 수시로 아내를 폭행하면서 욕설을 하고 폭언으로
모욕을 주는 일이 반복됐다. 남편은 육○○와 동거를 하면서 부정한
관계를 맺어 왔는데, 오히려 아내는 육○○으로부터 욕설을 듣고 남
편과의 관계를 과시하는 모습을 보게 되는 등 모욕을 당하기도 하였
다. 그러던 중 아내가 둘째 아들을 데리고 육○○의 집으로 남편을
찾아가자, 남편은 오히려 아내의 따귀를 때리면서 욕설을 하였는데,

이를 억울하게 여긴 아내가 공장에서 수금한 물품대금 400만 원을 갖고 둘째 아들과 함께 가출했다가 며칠 후 돌아오자, 남편은 돌아온 아내를 갈비뼈에 금이 가도록 폭행하여 둘째 아들이 아버지를 경찰에 신고하였다.

— (판례사례 3) 그 무렵 남편의 애인이라고 자처하는 여자가 밤늦게 집으로 수십 회 전화하여 아내를 조롱하였고, 수차례 집으로 찾아와 대문을 발로 차고 소란을 피우는 바람에 자녀들과 그 여자와의 사이에서 말싸움이 벌어지기도 하였다.

일이 어떻게 되어 배우자 이외의 제3자와 불륜에 빠지게 되어 가정을 흔들어 놓고 결국에는 이혼까지 하게 된 것일까. 결혼이 어떤 것이라는 것을 깨닫지 못하고 너무도 쉽게 그것을 허무는 행동을 하였을 것이다. 배우자 이외의 이성을 만나 행복하지 못한 결혼생활에 대하여 늘 자신은 불행하고 외롭다며 떠들고 다녔을 것이며, 자기 배우자에 대하여 험담을 늘어놓았을 것이다.

그리고 배우자 모르게 다른 이성을 부적절한 상황과 장소에서 만나고 다녔을 것이다. 그 결과 결혼생활은 이들로 인해 엉망이 되었다. 그 상흔에 신음을 한들 무엇할까. 남아 있는 것은 모두 폐허다. 한바탕 전쟁을 치르고 난 포연이 자욱한 전쟁터와 같다. 일이 이 정도 되면 이 땅에서 살아가는 모든 생명, 이 땅의 모든 관계가 가련하게만 느껴진다. 세상을 살아간다는 것 그리고 사람들이 하는 일이 아픔이 아닌 것이 없다.

결혼의 종착역에서 기다리는 것들

올 것이 오고 말아서 강둑을 찍는 그림자 하나

돌아서서 걷는 길이 끝없다

길의 끝을 어둠이 물고 있다

(오창렬, '저녁' 중에서)

배우자의 무관심, 외도 등
여러 가지 이유로 잘못 틀어져 버린 부부관계를 바로잡기 어려울 때
나 경제적인 빈곤 등을 이유로 가출과 유기를 택하는 경우가 생긴다.

이는 가족을 떠나 다른 방법으로 살아갈 수 있는 사회적, 문화적, 경제적인 대안들이 존재하기 때문에 가능하다. 전통사회에서는 직장과 재산이 많은 남자 측에서 주로 가출을 하고, 방탕 끝에 극빈상태에 빠진 후 가정으로 다시 돌아오지 못하는 경우가 많았다. 하지만 오늘날에는 여성의 사회적 지위와 고용기회의 증가로 인해 아내가 남편의 폭력이나, 외도, 경제적 빈곤 등의 이유 때문에 가출하는 경우가 대부분이다.

어떤 이유에도 가출해버리거나 상대를 고립시켜버리는 것은 부부 생활에서 생기는 갈등을 해결할 수 없는 무책임한 행동이다. 결혼생활에서 두 사람 사이에 갈등이 생길 수밖에 없으며 갈등이 없이 결혼생활을 이어간다는 것은 위선이다. 결혼생활은 때로는 서로 다투고 분쟁하는 것이다. 이런 싸움 앞에서 상대의 입장을 배려하여 문제해결을 위해 부부가 협력하는 것이 중요하다.

가출과 유기는 이혼의 마지막 단계인 별거의 전 단계로 볼 수 있다. 결혼생활에서 생기는 갈등을 해결하기 위하여 노력하기보다는 서로 비판하고 헐뜯으며 상대방을 고립시키기 위하여 집을 나가버리거나 배우자를 유기시켜 버리는 것은 이혼으로 가는 가장 강력한 징조의 하나라고 볼 수 있다.

서구에서도 예로부터 유기는 간음과 더불어 대표적인 이혼사유의 하나였다. 배우자나 자녀를 얼마 동안 유기하였을 때 이혼의 사유로 인정하느냐 하는 것은 시대와 지역에 따라 달랐다. 이혼을 엄격하게 다루었을 때 보통 5년 이상의 배우자와 자식 유기를 이혼사유로 삼았고, 이혼을 더욱더 쉽게 하려고 하는 사회적 분위기가 지배적이었을 때는 3년, 2년 심지어 1년의 유기를 이혼사유로 했음을 볼 수 있듯이 그 기간은 점차 없어지거나 짧아졌다. 현재 우리나라는 민법에 기간의 정함이 없이 악의의 유기를 이혼사유로 규정하고 있다. 물론 결혼생활에서 계속되는 학대를 이길 수 없거나 배우자 이외의 자와 불륜을 이어가기 위하여 어쩔 수 없이 가출해서 유기를 하는 경우도 있다. 그러나 놀라운 일이 아니다. 결혼생활만이 어찌 예외가 될 수 있을 것인가. 우리가 살아가는 이 땅의 모든 날들은 늘 누군가를 버리며 또 누군가로부터 버림을 당하는 것이라면 지나친 주장일까?

서울까지 통하하는

초등학교 삼 학년 계집아이가

열차를 놓친 빈 들녘에서

혼자 서럽게 울고 있다

역사도 없는 강매역

이름만 있을 뿐인 빈 들판

하얗게 내린 찬 서리 위로

바람에 나부끼는 억새풀이

눈부시도록 아름답다

모두가 떠난 쓸쓸한 간이역

너와 내가 버려지는 날들이

어디 오늘 하루만이랴

칼바람 서걱대며 우울한 기억을

사정없이 강매(强賣)하는

십이월의 강매역

('강매역', 전편)

불륜을 이어가기 위하여 가출하거나 상대방 배우자가 보기 싫어서

나가라고 하거나 아니면 자신이 나가버리는 경우, 시가와 며느리의 불화, 무책임한 남편의 대책 없는 가출로 부부관계는 갈라서게 된다.

— (판례사례 1) 아내는 남편으로부터 폭행을 피하여 집을 나가 몇 달 동안 혼자 생활하다가 돌아오곤 하였고, 가출하여 다른 남자와 함께 방을 얻어 살기도 하였는데, 위와 같이 남편의 욕설, 폭행과 이에 대응한 아내의 잦은 가출로 부부의 관계는 악화되어 갔다.

— (판례사례 2) 아내는 남편, 남편의 전처 자식과의 갈등으로 남편에게 이혼을 요구하였고, 남편이 이를 거부하자 종종 새벽 2~3시나 되어 늦게 귀가하곤 하였다. 하루는 아내가 늦게 들어온 일로 다투다가 남편이 다시금 아내를 폭행하자, 아내의 친정식구들이 남편을 찾아가 항의하였고, 아내는 아이를 데리고 집을 나와 친정집으로 가버렸다. 아내는 이후 귀가하지 아니하고 있다.

— (판례사례 3) 아내는 초복 날을 맞아 시어머니로부터 보신탕을 준비하였으니 먹으러 오라는 연락을 받았으나 아이가 감기를 앓고 있어 가지 못하였고, 남편 혼자서 시가에 다녀온 후 부부는 심하게 다투었고, 아내는 집을 나가 언니의 집으로 갔다. 집에 돌아와서 며칠이 지나서 부부는 심하게 다투었는데, 남편은 아내가 아이를 데리고 집을 나가려고 하자 아내와 몸싸움을 하던 중 아내를 폭행하여 아내에게 다발성 타박상, 경추부염좌 등의 상해를 입혔고, 아이 또한 아내에게 안긴 채 떨어지면서 타박상을 입었다. 한편 그 과정에서 남편 또한 얼굴, 목, 팔 등에 상처를 입었다. 아내는 아이를 데리고 집을 나가 파출소로 갔으나 문이 잠겨 있었다. 마침 아내의 연락을 받고 아들 집으로 가는 시어머니가 며느리를 발견하고 시가로 가자고 하였으나, 며느리는 이에 응하지 않은 채 택시를 타고 친정집으로 갔다.

법은 가출과 유기에 대하여 그 원인을 제공한 가해 행위자에게 책임을 돌리기도 하지만 한편으로는 부부 사이의 갈등을 대화와 타협으로 원만하게 해결하려고 노력하지 않은 채 수시로 집을 나가 친정이나 친정언니 집이나 모텔 등에서 지내는 등 극단적인 방법을 선택함으로써 부부관계를 돌이킬 수 없을 정도로 파탄시킨 배우자에게도 그 책임을 묻는다.

이혼 및 재산분할과 관련된 사례들을 보면 이혼 때문인 재산분할은 가출이나 유기를 하지 않고 끝까지 남아 자리를 지키며 원만한 부부생활을 하고자 노력한 배우자에게는 최저 10% 이상 재산분할을 더 해 주는 것을 볼 수 있다. 가출이나 유기를 일삼지 아니하고 부부관계의 회복을 위하여 노력하는 것은 긍정적으로 평가받는다.

아내라고, 남편이라고, 다 내 것으로 생각하지 마라. 그 사람은 다른 행성에서 온 손님이다. 서로 눈치를 보며 조심스럽게 때로는 가슴을 쓸어내리는 긴장감을 가지고 대해야 한다. 살을 섞었다고 마음 놓지 마라, 살은 섞이지 않는다.

별거(別居)

우리나라는 이혼을 위한 별거제도를 인정하지 않고 있다. 그래서 견해에 따라서는 이혼 전에 파탄의 징표로서 별거제도를 도입하자는 견해가 있다. 서구는 성격 불일치 등으로 별거 판결을 받은 후 3~5년 정도의 일정기간이 지나면 이를 근거로 이혼해 주는 것을 일반적으로 볼 수 있었고 심지어 독일에서 나치 치하의 이혼법에서도 3년 동안의 별거를 이혼사유로 인정하고 있음을 볼 수 있다. 그만큼 별거와 이혼은 밀접한 관련이 있다. 이혼을 쉽사리 허락하지 않는 서구사회의 역사에서 이혼으로 가기 위한 징표의 하나로써 별거를 택한 역사가 있기 때문에 이를 우리나라에 도입하자는 것은 생각해 볼 문제다.

우리나라는 예로부터 공식적인 별거제도를 인정하기보다 이혼하기 어려운 사회·문화적 배경으로 첩을 두고 본처가 있는 안방 출입을 하지 않음으로써 별거의 효과를 아내들에게 가한 아픈 역사가 있다.

최근의 이혼사례를 살펴보면 이혼하기까지 부부들의 평균 별거기간은 14개월이었다. 그러니까 별거 1년 2개월이면 이혼이라는 종착역에 닿게 되는 셈이다.

한시도 붙어 다니지 않으면 못살 것 같은 부부들이 무슨 이유에서건 일 년 넘게 동거, 부양, 협조, 정조의무를 지키지 않았다면 그 부부관계는 이미 금이 갔다고 볼 수 있다. 가출과 유기를 반복하다가 마지막으로 내딛는 것이 별거이고 대개 별거에 들어가 1년 이상이 지나면 서로의 주변환경이 바뀌어 다시 재결합하는 것이 어렵게 된다.

치료목적으로 별거하는 경우 등이 있고 앞서 언급한 바와 같이 외국은 이혼 전에 별거제도를 두는 경우가 있다. 그러나 별거는 부부간의 갈등을 종국적으로 해결하는 방법이 못 된다. 별거에 대해서는 기독교에서도 반대한다. 성경 고린도전서에 보면 "서로 분방하지 말라 다만 기도할 틈을 얻기 위하여 합의상 얼마 동안은 하되 다시 합하라 이는 너희가 절제 못함으로 말미암아 사탄이 너희를 시험하지 못하게 하려 함이라."라고 쓰여 있다. 여기서 분방의 개념이 문제 되는데 분방을 하게 되면 정욕의 사탄이 일어난다고 하는 것으로 보아 별거와 같은 것으로 해석해 보고 싶다.

별거는 부부갈등 문제를 일시 유보하는 것에 불과하며, 이 때문에 서로 협조하거나 문제해결을 위한 사람들의 노력을 포기하게 하는 것이다. 이 별거기간 동안 자신에 대한 반성보다는 별의별 추측과 의심으로 서로에게 상처를 주는 경우가 많다. 별거는 그 기간이 장기화하면 원래 문제 되었던 배우자의 학대와 같은 원인은 희석되어 버리고 별거했다는 그 사실이 큰 과오가 되기도 한다. 이혼사례들을 볼 때 별거를 감행하는 것은 아내 쪽이 많고 별거는 이혼이나 재산분할을 할 때 불리하게 작용한다. 오죽하면 별거하겠느냐고 말하기도 하겠지만, 자신이 떠날 결심을 하고 있다고 진지하게 배우자에게 말하며 문제를 해결하기 위하여 노력해야 한다. 별거는 배우자의 학대를 피하거나 알코올의존증 등을 치료하기 위한 부득이한 기간 외에는 자제해야 한다. 결혼생활에서 별거는 이혼의 전조와 같은 것이다.

우리 이제 고독한 어둠을 맞으리
안녕, 꿈같은 날들의 순간들이여
벌써 마당 위에 장작나무를 쌓는
낯익은 소리가 들리는 구나

(보들레르, '가을을 위한 노래' 중에서)

부부간 갈등의 골이 깊어지게 되면 이를 해결할 더 이상의 방법을 기대할 수 없을 때 별거에 들어간다. 그리고 상대방 배우자가 계속 폭력과 상해를 가하여 위협을 느낄 때에도 마찬가지다. 별거를 결심할 때에는 현재 배우자와 이혼해도 어쩔 수 없다는 결단이 선행한다.

— (판례사례 1) 남편이 여직원과 밤에 사무실에 함께 있는 등 의심받을 행동을 하자 아내는 남편이 외도한다고 확신하고 남편에게 따지게 되

었고, 남편이 외도를 인정하지 않고 아내를 폭행하자 아내는 더 이상 남편과 같이 생활할 수 없다고 판단하고 집을 나와 현재까지 남편과 별거하고 있다.

— (판례사례 2) 남편은 수시로 외박을 하고, 가출도 여러 번 하였다. 아내는 며칠간 집에 돌아오지 않던 남편이 낯선 여자와 다정하게 걷는 모습을 목격하기도 하였다. 하루는 남편이 아내에게 "나 짐 싸서 나간다. 할 이야기는 이메일로 해, 핸드폰 없앨 거야."라는 내용의 메모를 남기고 자신의 소지품을 전부 챙겨 집을 나갔다. 아내는 그 이후 남편에게 "만나서 이야기하자."라는 내용의 이메일을 보냈으나, 남편은 "만나면 뭐하는데? 집에 돌아갈 생각이면 이러구 나오지도 않았어…" 등의 답장을 보냈고, 지금까지 연락을 두절한 상태다. 그 이후 두 사람은 현재까지 별거하고 있다.

— (판례사례 3) 부부는 그 무렵부터 가사, 양육에 관한 사소한 일로 다툼이 있다가 남편의 부모 소유인 토지를 아내의 외삼촌에게 매도하는 문제 때문에 말다툼하다가 급기야 몸싸움을 하게 되었고, 그 과정에서 남편이 아내에게 경추부좌상 등의 상해를 가하였다. 이 일이 있는 후 아내는 친정에 며칠간 머물러 있다가 돌아왔고, 부부는 서로에 대한 불만을 대화를 통해 해소하지 못 한 채 상대방에게 상처를 줄 수 있는 언행을 하는 등 갈등이 계속되다가 아내가 별거하기로 마음먹고 아이들을 데리고 친정으로 간 후 현재까지 별거하고 있다.

— (판례사례 4) 부부는 그 이후에도 남편의 여자 문제 등으로 자주 다투었고, 그 과정에서 남편은 아내에게 폭행을 가하기도 하였으며, 아내는 남편과 싸운 후에 며칠씩 가출하였다가 돌아오거나 남편과 말을 하지 않기도 하여서, 두 사람의 관계는 점점 더 악화하였고, 남편이 회사에서 명예퇴직한 이후에는 서로 이혼문제를 논의할 정도로 관계가 악화하였다. 아내는 남편과의 관계가 더 이상 회복하기 힘들

다고 판단하고 집에서 가출하여 남편과 별거하면서 이 사건 이혼 등의 소를 제기하였고, 남편은 아내가 가출한 이후에 아이들과 생활하고 있다.

별거를 위해서 떠나가는 것은 아내 쪽이고 주로 남편의 폭행과 상해를 피해 친정으로 아이들을 데리고 가서 1년 정도 있다가 이혼소송을 제기하는 것을 볼 수 있다. 재산과 직업을 가진 아내들은 남편과의 잘못된 결혼생활에 묶여 인생을 허비할 이유가 없다고 여긴다. 별서는 이혼을 향해 가는 마지막 정기장과 같은 것이다. 결혼식을 올릴 때 신랑과 신부로서 두 사람이 만나 '어떠한 경우라도 항시 사랑하고 존중하며 어른을 공경하고 진실한 남편과 아내로서 해야 할 도리를 다할 것을 맹세'한 부부들이다.

이혼이 옛날 배우자들의 빈번한 사망으로 부부들이 헤어지는 것을 대신하는 현대적인 대체물로 보는 시각이 있듯이 이혼은 사람의 죽음과 비슷한 면이 있다. 이혼은 죽음과도 같이 가족과 친구들이 필요한 시기에 그들을 잃고 버려지는 것이다. 곧 우리들의 삶을 지탱해주던 생기는 말라져 버린다. 배우자를 떠나보냈다는 상실에 대한 그리움으로 소복한 여인처럼 우울한 삶을 살게 된다. 하지만 이러한 상실의 아픔을 딛고 일어서서 자신이 새로이 더 단단히 설 수만 있다면 얼마나 좋을까?

> 그대 떠나고 나면
> 나 엎드린 자리는 사막이지만
> 마음조차 서걱거리는 모래밭 피하지 않는다
> 어디 따로 오아시스가 있다고도 생각하지 않는다

이글거릴수록 설레는 태양 아래

꼼짝하지 않는다

그러면 나의 몸은 뜨거워지고

외로움도 익을 대로 익겠다

밤 깊어 내리는 찬 이슬의 담금질에 외로움은

바위처럼 단단해지겠다

그대 떠나고 나면

오늘도 내일도 세상은 사막이지만

엎드린 자리를 탓하지 않는다

모래 아니라 자갈이라도 좋아

자갈자갈 내 외로움 끓어 넘으면

하룻밤 또 하룻밤 단단해질 수 있으면

(오창렬, '사망풍뎅이', 전편)

하지만 어찌하겠는가? 배우자를 떠나보내야만 하는 것을. 사람은 어쨌든 죽고 헤어지기 마련이다. 어떻게 보면 인생은 이별을 위하여 태어난 것이기도 하다. 그러니 마음을 크게 먹고 산사람은 살아야 한다. 죽음과 같은 과정을 겪고 또다시 일어서는 용기가 필요하다. 스스로 포기하지만 않는다면 다시 새로운 삶을 찾을 수 있다.

겨울 정원에 나가보면 인생의 과정을 어렴풋이 이해할 수 있다. 결혼이나 두 남녀의 관계도 한 송이 꽃이나 나무에 비할 수 있다. 서로 만나 꽃이 피고 지듯이 부부들의 결혼은 헤어지거나 사별하는 것으로 끝을 맺게 된다. 꽃망울을 머금고 초봄이 오기도 전에 꽃을 피우던 목련이 모든 꽃잎을 다 버린 후 무성한 잎으로 정원의 그늘을 만들어 내던 기억이 새롭다. 그 후 여름 정원에는 장미꽃이 피고, 선인장이 피어 화단의 아름다움은 절정에 달했다. 가을바람이 불어와 정원에 있는 식물들은 꽃을 떨구고 잎사귀는 말라갔다. 이혼도 꽃을 떨군 겨울 정원처럼 이별의 하나로 볼 수 있다. 그 후 모든 것이 다 끝난 듯한 겨울 정원에서 탐스럽게 꽃을 피우던 국화의 모습을 잊을 수가 없다. 이혼은 끝이 아니다. 인생의 아픔 뒤에 더욱 성숙하게 꽃 피우는 하나의 과정이기도 하다. 그래서 우리는 희망을 노래해야만 한다.

목련이 피고 간 뒤에
그리움으로 피 토하던 장미와 선인장
모두들 어디 갔나
시골집 순이 같은 분꽃만 홀로 남겨두고
이미 다 끝난 듯한 정원엔
다시 이슬 머금은 국화 봉우리
때가 오지 않았음을 한탄할 일이 아니다
때가 왔음을 기뻐할 일도 아니다
찬바람 부는 겨울 정원에 서면

('겨울정원에서', 전편)

사랑과 전쟁의 갈림길에서

결혼한 부부들은 누구나 이혼을 원치 않는다. 그들은 나름대로 사랑해서 결혼했고 또 결혼생활이 그런대로 지낼 만하다고 생각하는 것이다. 그럼에도 여러 가지 이유로 이혼이 행해지고 있고 재혼도 계속되고 있다. 오늘날 이혼에 대한 부정적인 인식의 변화가 이혼을 일상적인 것으로 받아들이는 데 성공하고 있는 듯 보인다.

우리가 원하지 않음에도 이혼이라는 기억하기 싫은 일이 발생하는 것은 무엇 때문인가? 지난 수세기를 통하여 서구사회나 우리

사회에서 꾸준하게 이혼을 쉽게 만드는 구실들이 생겨나고 있다.

먼저 이혼을 하는데 큰 비용이 들지 않는다는 것이다. 이혼하는데 몇 년 치의 월급을 모아 변호사를 사고 소송비용을 부담해야 한다면 이혼이 이렇게 흔할 수가 없을 것이다. 그렇게 된다면 이혼은 소수 재력가의 전유물이 될 것이다. 오늘날 협의이혼에 의하면 근로자, 사업가, 전문직 종사자, 여성들 누구나 간단한 절차만 거치면 되며 비용은 거의 들지 않는다.

결혼이라는 울타리를 떠나서도 생존을 할 수 있을 만큼 여성의 사회진출이 증대되어 남편이나 결혼제도의 구속으로부터 쉽게 빠져나올 수 있게 되었다. 설령 결혼의 구속에서 벗어나는데 자유롭지 못한 사람들에게 있어서조차 빈곤은 절대적이 아니라 상대적이라는 자신감이 이혼을 증가시키고 있다.

이혼은 결혼생활 파탄의 증거만 있으면 충분하고 결혼파탄의 그 책임이 상대방에 있다는 것을 굳이 입증하지 않아도 되는 데까지 나아가고 있다. 이혼할 때 재산분할의 경우에도 거의 부부 균등분할에 가까운 추이로 나아가고 있는 것도 배우자가 이혼을 선택하는 길을 열어 놓고 있다.

마지막으로 사랑해서 배우자와 결혼했으므로 상대방과의 애정이 식으면 이혼할 수 있다는 인식의 변화를 들 수 있다. 이혼은 이제 우리 주변에서 일상적으로 흔한 일이 되었으며 이혼을 했다고 하여 인생을 쉽게 비관하지도 않는다. 오히려 재혼에 성공하여 실패를 딛고 남보란 듯이 잘살고 있는 경우도 많다. 자연히 이혼에 대한 사람들의 관대한 태도로 이혼을 자연스러운 일의 하나로 여길 수 있게 되었다. 이러한 이유는 복합적으로 작용하여 앞으로도 이혼은 계속해서 증가하게 될 것이다.

 이혼은 사회제도로서 그 시대의 정치적, 경제적, 사회적, 문화적 요인에 의해 영향을 받는다. 그래서 결혼은 영구불변한 것으로 여겨 어떠한 경우에도 깨뜨릴 수 없는 종생적인 것으로 규정짓거나 이혼을 한 사람을 도덕적으로 실패한 것으로 판단하는 것은 잘못이다.

 그럼에도 이혼은 아직도 사려가 깊지 못한 남편이나 아내 혹은 두 부부의 한때의 방탕과 실수와 부끄러움을 확인시켜 주는 것임에는 틀림이 없다. 그것은 다시 기억하고 싶지 않은 아픈 기억이며 혼인서약에 대한 반칙이며 인생에서의 실수이며 나약함의 증거가 되기에 충분하다. 부부들이나 결혼을 앞둔 사람들은 결혼의 본질과 두 남녀가 결혼이라는 제도를 통하여 가지게 되는 역학적인 관계를 잘 이해할 수 있게 되기를 바란다. 결혼을 허무는 습관이나 태도를 버려야 할 뿐만 아니라 더 좋은 습관으로 개선함으로써 결혼을 통하여 인간이 사람다워지고 온전하게 되는 사명을 잘 감당하기를 바란다.

꼬리말

'나의 반성문'

이 글을 쓰고 있는 지금 나는 심각하다. 그리고 말할 수 없을 정도로 우울하다. 올해로 결혼생활 30년, 당신을 만나 오랜 세월을 살아오면서 결혼 파트너로서 마땅히 남편인 내가 짊어져야 했던 짐들을 감당하지 못했으니까…. 하지만 당신은 없는 살림에도 주부로서 역할을 잘 감내해 왔다고 생각한다. 문제는 남편인 나에게 있었다. 나는 분수를 모른 채 허황한 꿈만을 꾸었다. 법관이 되기를 꿈꾸다가 실패하자 늦은 나이에 학위를 받고 교수가 되려고 몸부림을 쳤고 그것도 여의치 않아 궁지에 몰린 나는 이번에는 엉뚱하게도 베스트셀러 작가가 되기를 꿈꾸며 시간과 물질과 정력을 다 허비했다. 그러면서 끝 모를 방황을 하는 동안 당신과 함께 같은 리듬을 타며 일심동체로서의 부부생활을 유지해 오지도 못한 것 같다.

늘 버는 것 이상으로 지출하여 가정경제를 어렵게 만들었으며, 가지 말았으면 좋았을 길들을 기웃거리느라 정작 가정의 장막을 든든하게 세우는 일에는 소홀히 했다. 당연히 우리 살림살이는 허술

하기 짝이 없었고, 조그만 비바람이 불어와도 위태롭게 흔들릴 수밖에 없었다.

다른 집 남편들처럼 겸손하거나 성실하지도 못한 점을 부끄럽게 생각한다. 그 일을 생각하면 얼굴이 화끈거리고 어디 쥐구멍이라도 있으면 찾아 들어가고 싶을 정도다. 세상 사람들이 돌다리도 두드리며 한 걸음씩 착실히 내딛으며 자신들의 앞가림을 해 나갈 때 나는 겁도 없이 뛰고 달리다가 넘어져 멀리 숨죽여 지켜보던 당신 마음을 아프게 했다.

결과적으로 보면 어릴 적 무능한 아버지를 책망하던 내 어머니의 한을 며느리이자 내 아내인 당신에게 물려주게 되어 가슴 아프다. 나는 성실하지 못한 사람이었음을 스스로 자책한다. 교만해서 다른 사람들 밑에 들어가 꾸준히 실력을 쌓고 힘을 길러 가정을 잘 지켜야 했지만, 꿩의 몸통보다는 닭의 머리라도 되겠다며 허리 굽혀 남 밑에 들어가서 일하는 것을 경시하는 잘못을 저질렀다. 그 대신 일확천금과 이 세상 어디에도 없을 인생의 한 방을 노리며 냉혹한 현실에 뿌리내리지 못한 채 떠도는 부평초 같은 삶을 살아왔다.

　더 미안한 일은 신혼시절 큰 딸아이를 낳자마자 입대하는 바람에 군에 간 남편을 기다리며 혼자 그 긴긴 서러운 세월을 감내하게 한 일이다. 그때 일을 생각하면 틀림없이 좋은 남편이 되어야 마땅했지만 비겁하게도 나는 그만큼 강한 사람이 못 되었다. 당신은 우리 가정의 위기 때 아내의 역할을 잘 감당해 왔지만, 남편으로서 내가 담당했어야 할 역할은 제대로 감당하지 못했다. 도무지 그런 나 자신을 스스로 용서할 수가 없을 것만 같다. 매사가 서툴렀던 내가 가장 잘한 일이 하나라도 있다면 그건 바로 당신을 아내로 맞은 일이었다. 내 아둔함을 생각할 때 당신과 부부의 인연을 맺은 것은 나의 안목과 선택에 따른 것이 아니라, 순전히 하나님의 선물이고 그분의 은혜였다.

　우리 살림은 불행히도 늘 마이너스였다. 등골이 휘어지도록 평생

은행을 먹여 살리느라 이제는 내가 죽어야 할 판이다. 가정형편이 어려울 때마다 당신은 나를 향해 도대체 덧셈과 뺄셈도 못하는 사람이 아니냐며 자주 질책을 하지만 늘 정신을 차리지 못하기는 매한가지였다. 결혼할 때 불알 두 쪽 차고 와서 당신을 고생시킨 일과 오랜 세월이 지나도록 거기서 한 발자국도 앞으로 나아가지 못한 일그러진 살림살이가 부끄럽다. 돌아보면 지난날은 그나마 거짓되고 허황한 꿈이라도 있어 그 꿈을 좇느라 여기까지 흘러올 수 있었지만, 이제는 그런 꿈마저도 다 날아간 지 오래여서 요즘의 걸음걸이가 늘 버겁다.

이제라도 내가 당신을 위할 수 있는 일이 있다면 당신의 가사 일을 도와주는 일이라고 생각한다. 고된 당신의 부엌일과 빨래와 어질러진 집 안 청소 일이라도 도와주어야 하는데 그것마저도 한결같이 돕지 못하고 있는 것을 보면 내 반성은 아직 멀었다. 앞으로 나에게도 당신에게 힘이 되고 위안이 되는 그런 날이 있을까? 이제 날은 저물어 건너편에서부터 어둠이 내리기 시작했는데 우리가 가야 할 길은 아직도 멀어서 걱정이다. 이런저런 생각에 내 과오는 너무나 크고 깊어 도무지 밤잠을 이룰 수 없다. 나는 정말 당신 앞에 구제불능의 죄인이다. 그래서 반성하며 사죄해야 마땅하다.

— 지난 30년 동안 철없는 남편과 동행해 주어서 미안하오. 앞으로 더 잘 할 테니 조금 더 지켜봐 줘요.

— 여보, 정말 사랑합니다. 그리고 감사합니다.

_당신의 남편으로부터

이 책을 읽을
당신과 함께
하고 싶습니다!

뉴스레터 신청
stickbond@naver.com
모니터링요원 모집

이 책을 읽은
당신과 함께
하고 싶습니다!